Rimedi Naturali

Fabio Nocentini

fiori di Bach

GIUNTI DEMETRA

Progetto grafico: Cinzia Chiari

Realizzazione editoriale a cura di:
EDIMEDIA SAS, via Orcagna 66, Firenze

Si ringrazia la ditta Flora srl - Lorenzana (Pisa), produttrice degli oli essenziali "Primavera" e di vari rimedi erboristici, per aver gentilmente concesso le immagini alle pp. 21, 22, 32, 95.
www.florapisa.it info@florapisa.it

Fabio Nocentini naturopata e scrittore, dopo la laurea in letteratura inglese ha frequentato corsi di naturopatia presso la Scuola Italiana di Medicina Olistica e presso altre istituzioni.
Ha approfondito in particolare alcune discipline, nelle quali tiene corsi e consulenze: rimedi floreali, erboristici e vibrazionali in genere; oli essenziali; cristalli; radiestesia; test kinesiologici; analisi e armonizzazione dei chakra. Tra i suoi libri: *Iniziazione alla cristalloterapia*, *Chakra. Come armonizzarli con cristalli, oli essenziali e fiori di Bach*, *I poteri magici del gatto*, *Aromaterapia*.
Per contattare l'autore: www.fabionocentini.it olistik@libero.it

Avvertenza
Il contenuto di questo libro ha valore informativo. La scelta e la prescrizione di una terapia come di un piano dietetico spettano al medico curante, che solo può valutare eventuali rischi collaterali (quali intossicazioni, intolleranze e allergie). Notizie, preparazioni, ricette, suggerimenti contenuti in questo volume hanno carattere informativo e non terapeutico.

www.giunti.it

Via Bolognese 165 - 50139 Firenze - Italia
Via Dante 4 - 20121 Milano - Italia
Prima edizione: febbraio 2009

Ristampa	Anno
6 5 4 3 2 1	2014 2013 2012 2011

Stampato presso Giunti Industrie Grafiche S.p.A. - Stabilimento di Prato

sommario

conoscere la floriterapia

Edward Bach e la scoperta della floriterapia

Edward Bach iniziò le sue ricerche come batteriologo, ottenendo successi con alcuni vaccini per malattie croniche. Poi si orientò verso il mondo vegetale e scoprì nella campagna del Galles i primi rimedi floreali.

Edward Bach nacque il 24 settembre 1886 a Moseley, un paesino della Gran Bretagna non lontano da Birmingham. Fin da piccolo si appassionò alla natura e, intorno ai diciassette anni, lavorando per un certo periodo nella fabbrica di ottone del padre, cominciò ad avvicinarsi all'idea delle cure mediche attraverso i rapporti con gli operai della fabbrica, che gli confidavano i loro problemi di salute. Si iscrisse dunque alla Facoltà di Medicina di Birmingham, per proseguire poi gli studi a Londra fino al conseguimento dell'abilitazione alla professione medica. A partire dal 1913 si recò a lavorare allo University College Hospital e in seguito condusse ricerche su alcuni batteri intestinali (i cosiddetti "nosodi di Bach", conosciuti ancora oggi), da cui ricavò dei vaccini che cominciò a utilizzare con successo contro certe malattie croniche.

Nel 1917 si ammalò gravemente e venne operato d'urgenza: sembra che si trattasse di un tumore alla milza, a causa del quale gli furono

pronosticati solo pochi mesi di vita. Ma Bach, dopo un periodo di depressione, decise di reagire e continuò a lavorare incessantemente, sia come ricercatore sia come medico al servizio dei suoi pazienti, finché recuperò completamente la salute e nel 1919 entrò come batteriologo e patologo allo Homoeopathic Hospital.
Ebbe così l'occasione di interessarsi alle scoperte di Hahnemann, il padre dell'omeopatia, e si convinse che gli aspetti emotivi, psicologici e caratteriali del paziente erano di fondamentale importanza per curare i disturbi di quest'ultimo. Nel 1922 lasciò lo Homoeopathic Hospital e si trasferì in un laboratorio situato in Park Crescent, sempre a Londra, allo scopo di continuare le sue ricerche, ma continuò a visitare i suoi pazienti in Harley Street e in Nottingham Place. Nel 1924 pubblicò uno studio dal titolo *La tossemia intestinale nella sua relazione con il cancro*, e negli anni seguenti altri scritti. I nosodi da lui scoperti davano buoni risultati, ma Bach era scontento, mirava a trovare qualcosa di diverso che fosse in grado di andare alla radice delle malattie: si mise così a studiare le virtù delle piante e a dare sem-

pre più importanza alla personalità e alle caratteristiche peculiari di ciascun individuo.
Nel 1928, mentre si trovava nel Galles, in circostanze che sembrarono del tutto casuali, preparò i primi tre rimedi floreali (*Impatiens, Mimulus* e *Clematis*) e li prescrisse ad alcuni soggetti sulla base del temperamento di ciascuno di essi. I risultati furono notevoli, tanto da indurlo a scrivere l'articolo "Alcuni nuovi usi e rimedi", pubblicato nel 1930 sulla rivista *The Homoeopathic World*. Decise poi di lasciare Londra, la sua brillante carriera di immunologo e il suo frequentatissimo studio di Harley Street per trasferirsi stabilmente nella campagna gallese. Qui, passeggiando in solitudine in mez-

zo alla natura, sembrò sviluppare doti sensitive e fu sempre più in grado di percepire le vibrazioni terapeutiche delle piante non appena le osservava. Preparò dunque altri rimedi floreali con il metodo della decozione solare, e nel 1931 pubblicò il volumetto *Guarisci te stesso*, che sancisce la nascita ufficiale della floriterapia. In seguito, soggiornando a Cromer, nel Norfolk, Bach si dedicò a curare gratuitamente numerosi pazienti con i primi dodici fiori scoperti, convincendosi che la stessa malattia, in persone diverse, richiedeva rimedi diversi poiché ciò che contava era la personalità del singolo e non i sintomi esteriori. Per ritrovare la salute bisognava agire sugli stati d'animo negativi, in modo che l'organismo mettesse in atto un processo di autoguarigione che, dai livelli sottili, si trasferiva poi anche al corpo.
Continuando a pubblicare svariati articoli su *The Homoeopathic World*, nei quali si descrivevano i rimedi floreali e le possibilità offerte dalla nuova terapia, Bach si inimicò l'Ordine dei Medici, finché venne radiato: ma rispose dicendo che era contento di rinunciare al titolo di medico per diventare un semplice erborista.
Ciò che gli stava a cuore veramente era la possibilità di alleviare le sofferenze dei malati, pertanto a tale scopo diffondeva gratuitamente le proprie scoperte e istruiva nelle terapie floreali anche persone non laureate in medicina. Seguiranno altri scritti, accompagnati via via dalla preparazione di nuove essenze e dalle intuizioni relative al *Rescue Remedy*, il rimedio di emergenza la cui formulazione verrà infine stabilita in cinque fiori.
Nel 1934 Bach lasciò Cromer e si recò a Sotwell, nell'Oxfordshire, dove la sua casa è oggi divenuta sede del Bach Centre (http://www.bachcentre.com), la prima ditta produttrice dei rimedi floreali. Nei due anni successivi scoprì altri diciannove rimedi, così da arrivare al totale di trentotto, e creò il metodo della bollitura che si affianca a quello della solarizzazione per trasferire nell'acqua l'impronta energetica del fiore. Fondata la nuova terapia e concluso il suo lavoro, Bach morì nel sonno il 27 novembre 1936. Da quel momento in poi i suoi assistenti, tra cui Nora Weeks e Victor Bullen, continuarono l'opera del maestro istituendo il Bach Centre e facendo conoscere la floriterapia in tutto il mondo.

Bach
ORIGINAL

La guarigione attraverso le vibrazioni dei fiori

Poiché tutta la materia è compenetrata da forme di energia, trasferendo nell'acqua il modello vibrazionale di un fiore è possibile creare un'essenza che agisce a livello sottile sulla vera causa del problema.

Quando si parla di floriterapia, omeopatia, cristalli, acque dei santuari e discipline analoghe si parla di vibrazioni: intorno alla materia (che si tratti di un vegetale, come di un minerale o di un animale) esiste un campo energetico più o meno esteso, contenente informazioni relative al soggetto materiale. Anche l'uomo possiede un campo energetico individuale, chiamato aura, nel quale si formano le disarmonie prima di passare nel livello fisico. Così, la vibrazione di un fiore in buona salute, immagazzinata nell'acqua (liquido in grado di memorizzare qualunque informazione con cui venga in contatto), è capace di influire sul campo energetico dell'uomo (ma anche su quelli di piante e animali) soprattutto a livello emotivo, producendo l'armonizzazione dei flussi energetici perturbati e stimolando la guarigione di eventuali disturbi fisici. Corpo, mente ed emozioni sono strettamente interconnessi, non entità separate: agendo su ciascuno di essi si influenzano anche gli altri.

Le terapie vibrazionali lavorano attraverso la trasmissione di energia: ciascun rimedio possiede una sua frequenza specifica la quale, se si addice allo squilibrio di cui soffre il soggetto da trattare, è capace di ripristinare l'armonia alterata in seguito alla malattia. Se il rimedio non è appropriato non si produce in linea di massima alcun effetto, poiché una chiave non corrispondente alla serratura non riesce ad entrarvi. Per questo motivo abbiamo a che fare con terapie "dolci" (cioè prive di pesanti effetti collaterali) ma anche incisive, dato che vanno alla radice dello squilibrio e non si limitano a reprimerne i sintomi, al contrario della medicina allopatica. I fiori, come abbiamo detto, esplicano il loro potenziale in particolare sulle emozioni e sugli stati d'animo negativi: quando l'impronta energetica dell'essenza floreale è in risonanza con il disturbo emotivo di cui si soffre, introducendo nell'organismo tale vibrazione il disturbo viene riequilibrato e dunque cancellato. Se la disarmonia ha creato propaggini che invadono il corpo (cioè sintomi fisici veri e propri), in molti casi spariscono anche queste. Infatti, per Bach, la malattia è legata a uno squilibrio interiore o all'esagerata accentuazione di un difetto. Conflitti psicologici, paure, stress, tensioni inconsce, insicurezze e frustrazioni generano alterazioni nei normali flussi energetici dell'organismo, e se non trovano soluzione nei piani sottili precipitano nella materia dando origine a patologie fisiche.

Per riconquistare l'armonia e la salute bisogna quindi intervenire a monte, inducendo il ripristino di uno stato emotivo positivo oppure sviluppando la virtù opposta capace di eliminare il difetto. I fiori di Bach, ricreando l'armonia perduta nei livelli sottili, armonizzano l'anima con la personalità e producono benefici anche sul corpo.

La preparazione dei rimedi floreali

I fiori di Bach, così come le altre essenze ottenute da piante diverse, sono facilmente reperibili in commercio presso farmacie ed erboristerie. Tuttavia, seguendo alcuni accorgimenti, è possibile ricavarli da soli.

Se desiderate cimentarvi nella preparazione delle essenze secondo le regole di Bach, ecco la procedura da seguire. Anzitutto bisogna recarsi in aree di campagna dove le piante nascono spontaneamente, lontano da fonti di inquinamento (ad esempio industrie, strade percorse da automobili, tralicci dell'alta tensione, zone in cui si usano pesticidi), e in una giornata soleggiata, priva di nubi (migliori sono le ore della mattina). Porterete con voi tutto l'occorrente, secondo che dobbiate procedere al metodo della solarizzazione o a quello della bollitura.
I fiori necessari devono essere raccolti da piante diverse, scegliendo solo le corolle in buono stato e in piena fioritura; l'acqua da utilizzare deve essere di sorgente, incontaminata e possibilmente proveniente da una fonte della zona. Altrimenti si può ricorrere a un'acqua di buona qualità conservata in bottiglia di vetro, come l'acqua *Humana Amorosa* venduta in farmacia. Prima di tutto si prepara la tintura madre, poi le bottigliette stock.

La solarizzazione

Occorrente:

- una ciotola di vetro bianco (o di cristallo) liscio, della capacità di circa 300 ml, senza decorazioni di alcun tipo;
- una piccola caraffa graduata di vetro bianco;
- un imbuto di vetro;
- un flacone di vetro scuro (blu o marrone) con tappo ermetico provvisto di contagocce: può essere più o meno grande secondo la quantità di tintura madre da preparare;

- alcune etichette adesive e un pennarello per scriverci sopra;
- un paio di forbici piccole, come quelle per le unghie;
- alcuni filtri di carta;
- la quantità d'acqua necessaria a riempire la ciotola;
- un brandy di buona qualità sui 40°, meglio se biologico.

Prima di recarvi sul posto dovete sterilizzare ciotola, caraffa, imbuto, flacone con tappo contagocce e forbici facendoli bollire per circa 30 minuti, quindi asciugherete tutti gli utensili e li avvolgerete in un panno pulito. La ciotola con l'acqua (non piena fino all'orlo) viene collocata nelle vicinanze della pianta, ma si dovrà fare attenzione che non riceva mai ombre di alcun tipo durante tutta la durata della solarizzazione: né ombre proiettate dalle piante vicine, né da nubi che passano sul sole, né quelle di persone o uccelli.

Se un'ombra passa sulla ciotola viene invalidato l'intero processo. Le corolle dei fiori dovranno essere recise con le forbici senza essere toccate con le mani: si userà quindi una foglia prelevata dalla stessa pianta per metterle nella ciotola. Coprite di fiori tutta la superficie dell'acqua, facendo in modo però che ogni corolla tocchi il liquido.

La ciotola deve essere lasciata al sole dalle 2 alle 4 ore, controllando

Il materiale occorrente per ricavare da soli i rimedi floreali.

Prima dell'uso gli utensili devono essere sterilizzati con una bollitura di 30 minuti.

ROCK WATER, L'ACQUA CHE SCORRE SULLE ROCCE

Nel caso di questa essenza la ricerca può essere un po' più difficile, poiché bisogna trovare una sorgente incontaminata che sgorga direttamente attraverso le rocce, senza nessun tipo di canalizzazione creata dall'uomo (tubi o altro).
Sarebbe poi consigliabile che tale sorgente si trovasse nei pressi di un luogo sacro, magari frequentato in passato da asceti o eremiti, o che comunque l'ambiente circostante avesse un'atmosfera di spiritualità. Non deve trattarsi dell'acqua di un santuario o di una chiesa, poiché in quel caso essa ha già una sua vibrazione peculiare.
Se trovate una sorgente con queste caratteristiche potreste testare con la radiestesia (cioè attraverso il pendolino o il biotensor) se si presta a ricavare il rimedio *Rock Water*.
In caso affermativo prelevate l'acqua con la ciotola di vetro come detto per la solarizzazione, lasciatela al sole per un tempo minore (1 o 2 ore) facendo in modo che non vi cadano ombre, filtratela e aggiungete un'uguale quantità di brandy così da ottenere la tintura madre.

ogni tanto se i fiori si afflosciano o si scoloriscono (ciò indica che stanno cedendo all'acqua la loro vibrazione). Nel frattempo vi rilasserete nelle vicinanze assumendo un atteggiamento sereno e meditativo. Quando vi sembra che l'essenza madre sia pronta, togliete i fiori con una foglia o con un rametto della stessa pianta, facendo attenzione a non toccare il liquido con le dita; applicate il filtro di carta alla caraffa graduata e versatevi l'essenza; aggiungete infine un'uguale quantità di brandy, che serve da conservante. Questa è la tintura madre, che verrà trasferita nel flacone di vetro scuro, sul quale apporrete l'etichetta con il nome del rimedio e la sigla T.M.
Se volete preparare *Rock Water*, visto che non si tratta di un fiore, leggete le istruzioni contenute nel box qui sopra.

La bollitura

Occorrente:

- una piccola pentola o una casseruola perfettamente pulita: può essere smaltata o di acciaio inossidabile, ma non di alluminio o di altri materiali;
- un fornellino da campeggio:
- una piccola caraffa graduata di vetro bianco;
- un imbuto di vetro;
- un flacone di vetro scuro (blu o marrone) con tappo ermetico provvisto di contagocce;
- alcune etichette adesive e un pennarello per scriverci sopra;
- un paio di forbici piccole, come quelle per le unghie;
- alcuni filtri di carta;
- la quantità d'acqua necessaria a riempire la pentola;
- un brandy di buona qualità sui 40°, meglio se biologico.

Vale quanto detto in precedenza riguardo alla sterilizzazione degli utensili, al metodo di raccolta delle corolle e alle altre caratteristiche

di contorno della procedura. Riempite la pentola per 3/4 con i fiori (o le gemme, nel caso di *Chestnut Bud*), quindi aggiungete l'acqua fino quasi all'orlo e accendete il fornellino. Portate a ebollizione senza usare il coperchio; se necessario, usate un rametto della stessa pianta per mescolare e pressare i fiori. Dopo una bollitura di 30 minuti togliete la pentola dal fuoco e copritela con il coperchio, attendendo che il liquido si raffreddi.
Utilizzando il rametto rimuovete i fiori senza toccare il liquido con le dita, filtrate l'essenza madre nella caraffa graduata, aggiungete un'uguale quantità di brandy, imbottigliate il tutto nel flacone di vetro scuro ed etichettate. Ecco pronta anche in questo caso la tintura madre. Trattandosi di una pianta erbacea, cioè priva di rami, per pressare i fiori nella pentola e per rimuoverli ricorrete a un bastoncino di legno pulito che vi sarete portati dietro.

SAPER SCEGLIERE LE PIANTE GIUSTE

Poiché le varietà delle piante da cui si ricavano i rimedi di Bach sono numerose, bisogna stare attenti a individuarle con attenzione, eventualmente consultando libri di botanica o facendosi aiutare da un esperto.
Un'altra cosa importante è conoscere il periodo di fioritura di ogni singola specie. Quando possibile è meglio ricorrere a fiori selvatici che crescono nei loro habitat naturali; altrimenti si prenderanno in considerazione le piante coltivate, meglio se con procedimenti di agricoltura biologica o biodinamica. Saranno sempre da evitare piante di cui non siamo sicuri, trattate con pesticidi, dall'aspetto malandato, oppure che nascono spontaneamente in luoghi inquinati (ad esempio quelle situate all'interno delle città).

Dalla tintura madre alla bottiglietta stock

La bottiglietta stock corrisponde al flaconcino del rimedio che viene messo in commercio, dal quale si prelevano le gocce per l'assunzione, per le applicazioni esterne o per preparare impacchi, pomate e così via. Utilizzare direttamente la tintura madre (per bocca o in altro modo) potrebbe anche essere indicato in certi casi (è un preparato molto forte, ma non si trova in vendita, quindi bisogna prepararsela da soli come detto in precedenza); tuttavia conviene sempre testare l'opportunità di una simile decisione mediante radiestesia o test kinesiologici (vedi p. 24). Sebbene la modalità originaria per preparare la bottiglietta stock consista nel riempire di solo brandy un flaconcino di vetro scuro da 30 ml e aggiungervi 2 gocce di tintura madre, secondo recenti sperimentazioni risulta più efficace riempire per metà il flaconcino da 30 ml di acqua di buona qualità (consigliamo ancora l'acqua *Humana Amorosa* in bottiglia di vetro reperibile in farmacia), aggiungere 2 gocce di tintura madre, agitare bene con scuotimenti ripetuti e versare infine il brandy fino a colmare il flaconcino. Questo perché l'acqua memorizza l'informazione vibrazionale meglio del brandy, e come conservante è sufficiente solo la metà di liquore. Una volta che avete preparato una o più bottigliette stock potete cominciare i trattamenti.

SOLARIZZAZIONE O BOLLITURA?

Controllate qui sotto come preparare le singole essenze floreali secondo il metodo più appropriato.

SOLARIZZAZIONE	BOLLITURA
Agrimony	*Aspen*
Centaury	*Beech*
Cerato	*Cherry Plum*
Chicory	*Chestnut Bud*
Clematis	*Crab Apple*
Gentian	*Elm*
Gorse	*Holly*
Heather	*Honeysuckle*
Impatiens	*Hornbeam*
Mimulus	*Larch*
Oak	*Mustard*
Olive	*Pine*
Rock Rose	*Red Chestnut*
Rock Water	*Star of Bethlehem*
Scleranthus	*Sweet Chestnut*
Vervain	*Walnut*
Vine	*White Chestnut*
Water Violet	*Wild Rose*
Wild Oat	*Willow*

Come utilizzare i rimedi floreali

Esistono metodi diversi per beneficiare dell'efficacia dei rimedi floreali: non solo la tradizionale assunzione per bocca (che comprende varie possibilità), ma anche il ricorso a impacchi, pomate, bagni e nebulizzazioni.

Secondo gli squilibri della persona e le necessità terapeutiche si delineano differenti modalità di utilizzo delle essenze, che vedremo nel dettaglio. Come considerazione a carattere generale si tenga presente che la floriterapia, data l'assenza di gravi rischi e di effetti collaterali, può essere sperimentata dal singolo senza la guida di un terapeuta qualificato: nel caso di scelta sbagliata del rimedio generalmente non si verifica alcuna reazione, mentre se il fiore è appropriato l'unico problema può essere rappresentato talvolta dal cosiddetto "aggravamento terapeutico" (vedi box a p. 33).

I rimedi si prestano a essere miscelati tra loro, ma non sempre: questo è un argomento delicato, poiché bisogna valutare caso per caso, in relazione a ciascun soggetto, quali fiori possono essere mescolati senza annullarne le proprietà. Infatti non è vero che essenze diverse (sia di Bach sia di altro tipo) vanno sempre d'accordo tra loro se unite nello stesso flacone: spesso la vibrazione di un fiore annulla quella di un altro, o il composto che viene a crearsi è qualcosa che non risponde più ai bisogni di chi dovrebbe assumerlo.

Per tale motivo a volte ci si lamenta della mancata efficacia della miscela, pensando magari di aver sbagliato a scegliere i singoli fiori, mentre invece può essere che i rimedi vadano bene ma debbano essere assunti singolarmente in momenti diversi della giornata, oppure alcuni da soli e altri in una miscela mirata. Per eliminare ogni dubbio su

come mescolare i fiori, sulle modalità di assunzione e sul numero di gocce da utilizzare sarebbe opportuno avvalersi del test kinesiologico (che se ben condotto è infallibile), oppure della radiestesia. Inoltre si consideri che una singola essenza per volta potrebbe agire in maniera più profonda rispetto a un composto, oppure il composto potrebbe funzionare meglio. Se non si hanno le competenze necessarie per compiere i test si dovrebbe almeno rilassarsi profondamente e lasciarsi guidare dall'intuizione. In ogni modo, specie se si è principianti nell'affascinante mondo della floriterapia, conviene sempre lavorare con calma su un problema per volta, su disturbi affini, e non mescolare rimedi che agiscono su disarmonie diverse, magari in contrasto le une con le altre. Se non si è sicuri, è meglio attenersi a un massimo di 3 essenze per volta nella stessa miscela.

Si ricordi di assumere i fiori a bocca pulita, evitando l'ingestione contemporanea di cibi, bevande, caramelle (anche il fumo di sigaretta potrebbe interferire); se la bocca contiene residui di alimenti o sapori, bisogna sciacquarla prima di prendere il rimedio.

I preparati vibrazionali, tra cui le essenze floreali, si conservano per

anni, a tempo indeterminato: le uniche accortezze per una buona conservazione consistono nel tenerli lontani dai campi elettromagnetici e dai cavi della corrente, ed è bene inoltre non riporli mai in frigorifero. Una distanza di circa 2 metri è necessaria tra il rimedio e il telefono cellulare (anche se spento), il computer, il televisore e tutti gli altri elettrodomestici. Ciò perché i campi elettromagnetici, la corrente elettrica e il frigorifero inattivano temporaneamente (per alcune ore) la carica vibrazionale del rimedio (è come se lo mandassero in tilt). Bisogna anche evitare di portare le boccette addosso, in tasca o a contatto del corpo, oppure di collocarle sul comodino durante il riposo notturno.

In questi casi si crea un'interazione costante tra il campo energetico della persona e il campo energetico del rimedio, con il risultato che quest'ultimo si scarica, quindi non potrà più dare alcun beneficio una volta assunto. Si può comunque portare il preparato in una borsa o in uno zainetto (mettendo il cellulare in una tasca sull'altro lato del corpo) quando ci si sposta in città o altrove, senza però tenere la borsa per troppe ore a contatto con il corpo.

In relazione alla durata del trattamento non esistono regole precise, poiché tutto dipende dalla persona e dai suoi squilibri. Nei disturbi acuti, cioè legati al momento o comunque non radicati in profondità, si ottengono ottimi risultati anche in poche ore o in pochi giorni; nei disturbi cronici, che persistono da molto tempo e che si sono fissati fortemente nell'organismo, può essere necessario protrarre la terapia per mesi prima di ottenere miglioramenti stabili. In generale è il soggetto che sente di dover continuare ancora l'assunzione dei rimedi o che, al contrario, si accorge di non averne più bisogno.

Il metodo del bicchiere

È utilizzato principalmente nei casi cronici e nelle disarmonie costituzionali del temperamento, perché agisce sul livello fisico dell'individuo e sulle situazioni vecchie; ma è consigliabile anche negli squilibri acuti.

Si prende un normale bicchiere da cucina e lo si riempie non proprio del tutto di acqua minerale non gassata (un'acqua di buona qualità, se possibile), si aggiungono le gocce del rimedio (o dei rimedi) e si sorseggia la miscela in più volte (almeno 8-10), nel giro di mezz'ora o di un'ora, ma anche in tempi più lunghi. Ogni sorsata verrà trattenuta in bocca alcuni secondi prima di essere deglutita. Per ogni fiore si versano nel bicchiere almeno 4 gocce prelevate dalla bottiglietta stock. Mentre nel caso cronico si assumono 1-2 bicchieri al giorno, sorseggiando in un arco di tempo ampio, nel caso acuto si preparano anche 3-4 bicchieri consecutivi, sorseggiando a intervalli molto ravvicinati (ogni 5 minuti o anche meno), fintanto che non si nota l'attenuazione o la remissione dei sintomi. Nel caso acuto, se non si volesse bere tutta l'acqua contenuta in bicchieri successivi, è sufficiente pren-

dere una sorsata, trattenerla in bocca per alcuni secondi e sputare. La carica vibrazionale del rimedio viene trasmessa grazie al contatto prolungato della miscela con le mucose della bocca, non per il fatto che il liquido vada nello stomaco. Con certi rimedi come *Agrimony*, *Cherry Plum*, *Star of Bethlehem*, *Sweet Chestnut* e *Pine* il metodo del bicchiere serve per limitare l'aggravamento terapeutico.

COME INDIVIDUARE I RIMEDI PIÙ APPROPRIATI

Attraverso il test kinesiologico e la radiestesia si possono individuare i fiori più compatibili con un determinato soggetto, o quelli più adatti per un disturbo specifico. Nella stessa maniera si ottengono indicazioni sul numero di gocce da utilizzare, sulle miscele e sulle modalità di somministrazione più opportune.

Il test kinesiologico è una verifica muscolare che deve essere eseguita da una competente. Il soggetto da testare, tenendo in mano la boccetta con la sostanza da indagare, risponde con i muscoli di mani, braccia o gambe consentendo di capire se quella sostanza è per lui appropriata. Mediante gli strumenti radiestesici, come il pendolino e il biotensor (una bacchetta di metallo che oscilla e dà risposte in maniera analoga al pendolino), l'operatore allenato ha la stessa possibilità di controllare se il rimedio in questione è adatto al soggetto. Il test kinesiologico, se correttamente eseguito, è altamente affidabile; la radiestesia può presentare un margine di errore, poiché attinge a doti sensitive. Questi metodi non richiedono tuttavia conoscenze specialistiche: possono venire appresi in seminari di breve durata. La loro utilità non dovrebbe essere trascurata, così da saper scegliere sempre con precisione il rimedio più congeniale per una persona o per un problema.

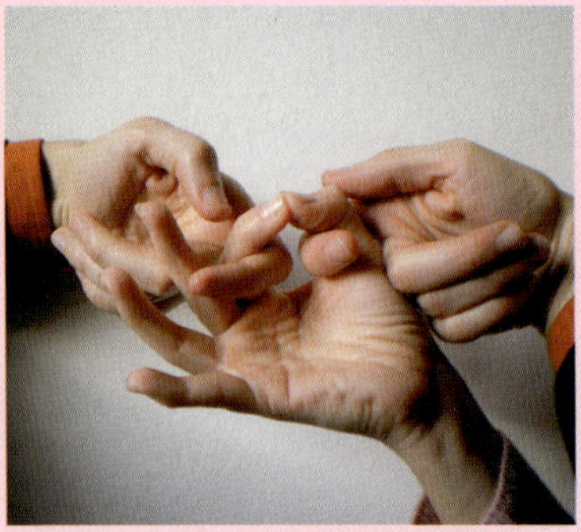

Il test kinesiologico delle dita.

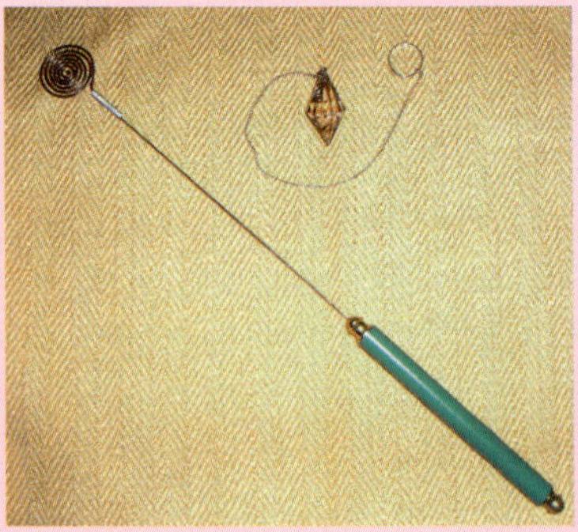

Pendolino e biotensor.

Il metodo del flaconcino

Il flaconcino lavora a un livello più sottile rispetto al bicchiere: la sua azione si orienta infatti sul piano mentale. Il flaconcino permette poi di mescolare fiori diversi da portare con sé durante la giornata.

In prevalenza si usano flaconcini da 30 ml, ma in alcuni casi si potrebbe ricorrere a quelli da 50 o da 100 ml (sono sempre di vetro marrone con contagocce e si acquistano in farmacia). Il flaconcino viene riempito per 1/4 di brandy, cognac o di altro liquore sui 40°; per il resto di acqua minerale non gassata. Durante la stagione fredda e quando si prevede di esaurire la miscela in pochi giorni si può fare a meno di aggiungere il liquore come conservante. In alternativa al liquore è possibile utilizzare l'aceto di mele. Si aggiungono quindi le gocce del rimedio (o dei rimedi), si agita energicamente e si possono cominciare le assunzioni. Il numero di gocce per ciascun fiore può variare: in generale se ne stillano almeno 4 di ognuno.

Premendo la pompetta collocata sul tappo il contagocce si riempie e la miscela può essere versata in bocca. Non è necessario contare le gocce da prendere: anzi, è sempre meglio che siano più di 4 come viene detto comunemente, perché il liquido deve bagnare bene le mucose della bocca. Quindi circa mezzo contagocce per volta è la dose giusta, ed è bene ricordarsi di trattenere il liquido per un po' in bocca prima di inghiottirlo. In linea di massima si ricorre ad almeno 4 assunzioni giornaliere, ma anche questa regola non è assoluta, e il test kinesiologico o il pendolo possono portare chiarimenti.

Se le somministrazioni quotidiane sono più di 4 viene maggiormente stimolata la reazione di autoguarigione, ma aumenta la probabilità di andare incontro all'aggravamento terapeutico.

Il metodo della bottiglia

La bottiglia esplica un effetto simile a quello del bicchiere: tuttavia, aumentando la quantità di acqua e variando la modalità di somministrazione (si beve dalla bottiglia a più riprese nell'arco della giornata), ci si sposta ancora di più su situazioni vecchie e su disarmonie radicate nel profondo.
È possibile utilizzare bottiglie di acqua minerale non gassata di varia capacità: 1/2 litro, 1 litro e 1/2, 2 litri; quale che sia il tipo di bottiglia, si può esaurirla anche in 2-3 giorni e poi prepararne una nuova. In generale ecco le dosi per ciascun fiore da aggiungere all'acqua:

- bottiglia da 1/2 litro: 6-8 gocce;
- bottiglia da 1 litro e 1/2: 12-18 gocce;
- bottiglia da 2 litri: 20-24 gocce.

È impossibile stabilire una differenza precisa tra il metodo della bottiglia e quello del bicchiere, poiché la trasmissione di vibrazioni cambia con il cambiare della modalità di assunzione. L'esperienza dimostra che secondo i casi può funzionare meglio un metodo oppure l'altro.

Il metodo del bagno

Per lavorare sul primo livello dell'aura, cioè sul corpo eterico, si ricorre talvolta al bagno in vasca. In questo caso gli effetti si collocano a metà strada tra il flaconcino (effetto mentale) e il bicchiere (effetto fisico). Il metodo del bagno da solo non è comunque capace di produrre risultati forti come avviene con l'assunzione orale dei fiori: esso rappresenta dunque un coadiuvante.
Si versa nella vasca da bagno uno strato di acqua calda pari a 1-2 cm,

quindi si aggiungono le gocce del fiore (o dei fiori) prelevate dalla bottiglietta stock (20 gocce per ciascuna essenza), stillando le gocce lungo tutta la superficie dell'acqua. Si mescola bene con la mano effettuando un movimento rotatorio in senso orario in punti diversi, e successivamente si aggiunge altra acqua calda fino a riempire la vasca; si mescola ancora una volta come in precedenza e ci si immerge completamente, rilassandosi per almeno 10 minuti prima di usare saponi o bagnoschiuma. Analogo al metodo del bagno è il pediluvio: data la minore quantità d'acqua, sono sufficienti 8-12 gocce di ogni singola essenza.

L'applicazione del rimedio sulla pelle

Si tratta di un sistema utile in molti casi, anche se sarebbe troppo lungo citarli tutti. Può essere impiegato contro arrossamenti, irritazioni, contusioni, dermatiti e via dicendo. Suggerimenti in merito vengono poi dal libro di Krämer e Wild *Nuove Terapie con i Fiori di Bach. Vol. 1 e 2* (Edizioni Mediterranee, 1995), i quali hanno elaborato una mappa delle zone corporee corrispondenti a ciascun fiore: applicando i rimedi su tali zone si influenzano organi e apparati e si agisce sugli stati d'animo tipici di ciascun rimedio. Sulla pelle si spandono le gocce del rimedio puro, cioè prelevato direttamente dalla bottiglietta stock o dal flaconcino originale reperibile in commercio. Altre indicazioni sono date nella scheda del *Rescue Remedy* alle pp. 76-77.

L'impacco

L'impacco si prepara per mezzo di una piccola ciotola di vetro piena di acqua tiepida, a cui aggiungeremo 4-6 gocce del fiore appropriato. Si bagna una garza di cotone o un fazzoletto pulito con la miscela e lo si applica sulla zona interessata tenendolo in posizione per circa 10-15 minuti.

Quindi si imbeve nuovamente la garza e si effettua una seconda applicazione, poi anche una terza, in modo che la parte venga trattata per almeno 30 minuti. Tra un'applicazione e l'altra può essere necessario riscaldare la miscela trasferendola in un pentolino di metallo da mettere sul fuoco (evitare assolutamente il forno a microonde). Se alla ciotola non si aggiunge altra acqua non importa stillare ulteriori gocce del rimedio, altrimenti possiamo versarne altre 2-4.

L'impacco produce effetti più deboli rispetto all'applicazione del fiore puro, pertanto è necessario ripetere le applicazioni a lungo: ma tale sistema permette di trattare aree più ampie con un minore consumo di essenza.

La pomata

Per creare una pomata si ricorre a una buona crema base neutra, cioè priva di principi attivi (ad esempio la crema base *Essex*, facilmente reperibile in farmacia).

In un barattolino vuoto di vetro o plastica, di capacità adeguata e provvisto di coperchio, si versa la crema base a nostra disposizione, quindi si aggiungono 4 gocce di ciascun rimedio ogni 10 ml di crema: per 50 ml di pomata, saranno necessarie almeno 20 gocce di essenza floreale.

Con un cucchiaino di plastica (oppure di legno, vetro, ceramica: l'importante è che non sia di metallo) si mescola bene la mistura con rotazioni in senso orario, finché le gocce e la crema si saranno perfettamente amalgamate. La pomata è pronta per essere utilizzata.

L'olio da massaggio

Le essenze floreali possono essere unite a oli vettori allo scopo di effettuare massaggi. Ad esempio si può ricorrere a: olio di mandorle dolci, di semi di sesamo, di semi di girasole, di germe di grano, di vinaccioli e così via. È naturalmente consigliabile servirsi di oli di ottima qualità, acquistati in erboristeria o nei negozi specializzati.
La quantità di gocce per ciascun fiore da aggiungere all'olio è, come per la pomata, di 4 gocce ogni 10 ml di olio. Poiché l'essenza floreale e l'olio non si mescolano perfettamente, prima di ogni applicazione è necessario agitare varie volte il flaconcino in cui si è preparata la miscela.

Il collirio

Si prepara aggiungendo 2 gocce del fiore scelto a 10 ml di soluzione fisiologica (sodio cloruro 0,9 %, acquistabile in farmacia). Il collirio

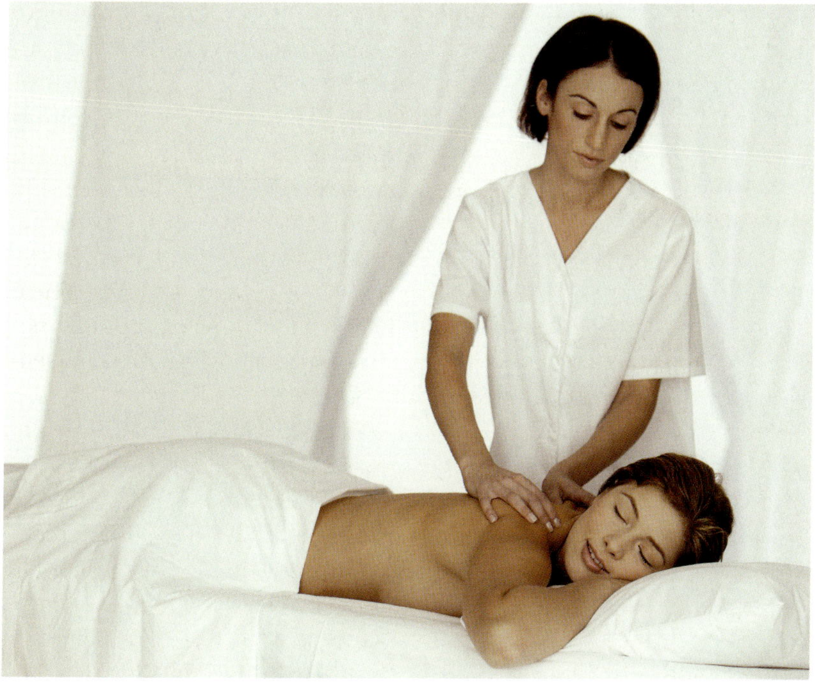

verrà conservato in un flaconcino di vetro scuro con tappo contagocce, come quelli in cui si preparano le miscele dei rimedi floreali (possono bastare flaconcini da 10 o da 20 ml). La conservazione del collirio è limitata a una settimana, soprattutto nella stagione calda, in quanto non si può aggiungere il brandy come conservante.
Un fiore che dà ottimi risultati usato come collirio nei casi di pressione alta nell'occhio e glaucoma è *Vervain*; contro la congiuntivite e le infezioni batteriche si usa *Crab Apple*; il *Rescue Remedy* è spesso efficace in vari disturbi oculari.

La nebulizzazione

Per armonizzare alcuni squilibri del campo energetico dell'uomo si può ricorrere alla nebulizzazione dei rimedi, che costituisce una pratica utile anche per trattare animali e piante. Inoltre alla stessa maniera si ripulisce energeticamente un ambiente carico di vibrazioni negative.
È necessario dotarsi di un nebulizzatore con pistola a spruzzo (come quelli che si usano per annaffiare le piante), oppure di un flaconcino spray da profumi. Lo riempiremo per 1/4 di brandy o di aceto di mele, per il resto di acqua minerale non gassata; aggiungeremo quindi le gocce del fiore o dei fiori prescelti, più o meno con le stesse proporzioni indicate per il metodo della bottiglia (6-8 gocce in 1/2 litro di liquido costituito da brandy e acqua, oppure 4 gocce in un bicchiere).
Per ripulire gli ambienti si impiegano di solito *Crab Apple*, *Holly* e *Walnut*. Volendo intervenire su piante e animali bisognerà per prima cosa orientarsi sui rimedi appropriati al caso specifico (ad esempio *Crab Apple* contro i parassiti); per trattare noi stessi si utilizzano i fiori che in quel periodo stiamo assumendo per bocca, in modo da rafforzarne l'efficacia.
La nebulizzazione viene praticata almeno 2 volte al giorno, dirigendo lo spruzzo sul corpo, a una distanza di circa 20 cm dagli abiti. Per gli animali e le piante la distanza può essere minore e le somministrazioni più frequenti.
Concludendo: non fermatevi a questi consigli di base, poiché i fiori sono molto versatili e si prestano a essere usati in un'infinità di modi diversi. Sfruttate la vostra intuizione e sperimentate i metodi e le combinazioni che, volta per volta vi sembrano più interessanti.

Reazioni dell'organismo e caratteristiche della terapia

Quando le essenze sono appropriate e cominciano ad agire si notano alcune reazioni, legate all'armonizzazione degli squilibri: bisogna perciò capire come comportarsi.

Il processo di risoluzione dei disturbi psicofisici o degli stati d'animo negativi attraverso la floriterapia presenta talvolta alcune caratteristiche di cui è bene essere a conoscenza. Anzitutto può verificarsi l'aggravamento terapeutico, descritto nel box alla pagina seguente; poi, quando il rimedio agisce anche sul livello fisico, si va spesso incontro a una serie di "aggiustamenti" dell'organismo con modalità analoghe a quanto avviene in omeopatia. Non si tratta di aggravamenti veri e propri, quanto di effetti riconducibili alla guarigione in atto: vediamo i principali. I sintomi si spostano dall'interno all'esterno del corpo (il muco nei polmoni fuoriesce tossendo, le scorie accumulate vengono eliminate attraverso eruzioni cutanee), oppure si trasferiscono temporaneamente dalla parte superiore a quella inferiore del corpo. I disturbi cronici guariscono seguendo un ordine inverso rispetto alla loro

comparsa: quelli apparsi per ultimi scompariranno per primi, mentre quelli di vecchia data ci metteranno più tempo per risolversi, sempre che ciò sia possibile.

Bisogna poi considerare che in certi casi lo squilibrio viene armonizzato velocemente, mentre in altri è necessario insistere a lungo con l'assunzione dei rimedi, anche se si ha l'impressione che non succeda nulla. Ciò perché ogni soggetto ha una sua personale modalità di reazione, legata al temperamento e al tipo di disarmonia: certe persone rispondono subito alla terapia, altre richiedono tempi più lunghi.

Se i fiori non producono gli effetti sperati

Se i fiori non hanno effetto è necessario compiere alcune riflessioni. Prima di tutto la floriterapia, seppur dotata di un grande potenziale terapeutico, non è una panacea: alcune persone potrebbero aver bisogno di trattamenti diversi, dall'agopuntura alla riflessologia, dal-

L'EVENTUALITÀ DELL'AGGRAVAMENTO TERAPEUTICO

Non si tratta di una circostanza che si verifica sempre, dato che in molti casi si assiste a un miglioramento senza problemi; ma alcuni soggetti, nei giorni successivi all'inizio della cura, possono risentire di un riacutizzarsi dei malesseri emotivi o dei sintomi fisici di cui soffrono. A volte si creano anche situazioni impreviste: ad esempio può venire una febbre improvvisa che dura solo dalla sera alla mattina, oppure si presenta un dolore misterioso in qualche parte del corpo, ci si sente depressi o senza forze, si ha voglia di dormire o si diventa euforici, e così via.

Se dopo qualche giorno di terapia si prova una sensazione di malumore o si presenta un peggioramento dei sintomi, questo è il segno che le essenze hanno cominciato ad agire, spingendo l'organismo a riequilibrarsi. L'aggravamento non deve spaventare, anche perché è destinato a scomparire in pochi giorni. In questa eventualità non bisogna ricorrere a farmaci chimici per sopprimere i disturbi; piuttosto si prosegue con la normale assunzione dei rimedi, oppure si diminuisce la frequenza giornaliera da 4 a 2 volte, o una volta sola, per poi riportarla a 4 volte quando ci si sente meglio. È anche possibile sospendere l'assunzione per un giorno o due, ma poi si dovrà comunque riprenderla, altrimenti il processo di guarigione viene interrotto a metà.

Per mitigare l'aggravamento terapeutico si dovrà stare un po' a riposo, mantenendo una certa serenità d'animo, e fare un uso frequente del *Rescue Remedy* con il metodo del bicchiere.

l'omeopatia alla dieta alimentare, tanto per fare alcuni esempi. Altre possibilità di insuccesso sono le seguenti:

- il soggetto non ha assunto i fiori secondo le modalità prescritte;
- il soggetto nega di essere migliorato, ma le altre persone che lo frequentano o il terapeuta si accorgono che il miglioramento c'è stato;
- non è trascorso il tempo sufficiente affinché i fiori producano il loro effetto;
- i rimedi sono sbagliati, oppure mescolandoli insieme si è creato un composto che risulta inattivo su quella persona;
- sussiste un blocco che impedisce ai fiori scelti di funzionare: in tal caso bisogna provare prima con i catalizzatori, oppure con alcuni rimedi capaci di rimuovere le situazioni di stallo, vale a dire *Chestnut Bud*, *Gentian*, *Gorse* e *Wild Rose*.

I catalizzatori

Se si hanno dubbi sulla scelta dei fiori appropriati perché il quadro della persona appare confuso, conviene provare con i catalizzatori. Si tratta di quattro rimedi capaci di far

emergere la vera natura degli squilibri profondi: essi esplicano un'azione di "pulizia", cioè sbloccano i disturbi nascosti e riescono a mettere in luce ciò di cui il soggetto ha davvero bisogno.

I catalizzatori maggiori sono tre: *Holly*, *Star of Bethlehem* e *Wild Oat*. A questi si aggiunge, come catalizzatore minore, *Agrimony*, poiché agisce con modalità meno esplicite rispetto ai precedenti.

Holly si addice a soggetti attivi, energici, risoluti, focosi, oppure inclini alla collera e all'aggressività; *Wild Oat* è invece adatto a temperamenti passivi, tranquilli, indecisi, timidi, paurosi. *Star of Bethlehem* viene solitamente associato a uno dei due rimedi precedenti, nella stessa miscela. Si somministreranno quindi, più frequentemente, *Holly* e *Star of Bethlehem*, oppure *Wild Oat* e *Star of Bethlehem*, ferma restando la possibilità di utilizzare uno solo di questi tre rimedi. *Agrimony* viene talvolta riservato a un successivo ciclo di trattamento, ma l'intuizione personale può far propendere per questo fiore come rimedio iniziale: come sempre in floriterapia non esistono regole assolute.

La somministrazione dei catalizzatori può seguire la modalità del bicchiere, del flaconcino da 30 ml o della bottiglia. Se includiamo nella miscela *Star of Bethlehem*, poiché questo rimedio tende a procurare aggravamenti terapeutici, sarà bene scegliere il metodo del bicchiere o della bottiglia; se ci limitiamo a *Holly* o *Wild Oat* o *Agrimony*, l'assunzione potrà avvenire mediante il flaconcino da 30 ml.

I catalizzatori devono essere lasciati agire per una decina di giorni: trascorso questo tempo si farà il punto della situazione e si deciderà come proseguire.

i rimedi visti da vicino

Agrimony - Agrimonia

agrimonia eupatoria

Rimedio per chi non riesce a mostrare le vere emozioni e nasconde i tormenti interiori dietro una facciata di allegria. Queste persone desiderano andare d'accordo con tutti anche a costo di sentirsi forzate negli atteggiamenti.

RICORDA:

non negare la tua parte oscura: per essere amato dagli altri devi mostrare la tua personalità in modo completo, senza escludere i lati meno piacevoli.

È un soggetto alla ricerca dell'armonia, dell'equilibrio e della bellezza in qualunque situazione, tanto che preferisce indossare una maschera sorridente anche quando non si sente bene o sta attraversando un periodo problematico. Ha una forte paura del giudizio altrui, perché crede di non essere accettato se mostra i lati meno belli del carattere e parla delle sue preoccupazioni.
Essendo incapace di ammettere di stare male, ricerca la compagnia: partecipa a feste, serate; molto spesso coltiva vizi segreti e dipendenze varie (alcol, droghe, farmaci, cibo). Tende a minimizzare i problemi e si sforza di essere sempre allegro. Reprime le vere emozioni e rifugge dai litigi e dalle discussioni. Può avere pensieri suicidi e spesso digrigna i denti.

PER CORREGGERE La tendenza a nascondere i problemi.

Aspen - Pioppo tremulo

populus tremula

Per chi è caratterizzato da grande sensibilità, ma si sente vulnerabile alle energie negative emanate dagli altri o dagli ambienti. Prova sensazioni di paura senza riuscire a riferirle a qualcosa di concreto; può cadere in preda al tremito.

Il tipo *Aspen* possiede doti di sensibilità che si avvicinano alla sensitività, ma la contropartita è rappresentata dalla vulnerabilità psichica. Spesso si riscontra in lui la presenza di capacità medianiche e un possibile interesse per l'esoterismo, ma anche la tendenza a sentirsi a disagio in certi luoghi, poiché l'ambiente può indurre questo soggetto a frequenti cambiamenti d'umore. Ama la compagnia, ma la grande ricettività e la fantasia senza freni lo fanno vibrare come un'antenna: la sua caratteristica principale è la sensibilità eccessiva alle negatività. Questo fiore agisce come rimedio di protezione anche in soggetti meno sensibili, che tuttavia si lamentano di paure indefinite. Altre indicazioni sono il sonnambulismo e gli incubi notturni.

RICORDA:
le paure e le ansie che non riesci a spiegarti indicano una sensibilità da armonizzare e dirigere verso mete creative, così da ottenere soddisfazioni nella vita.

PER CORREGGERE Il lasciarsi spaventare dalle percezioni.

Beech - Faggio

fagus sylvatica

Adatto a soggetti intolleranti nei confronti degli atteggiamenti altrui, o ipercritici e brontoloni riguardo a situazioni, eventi, piccoli dettagli. Risolve la tensione interiore, rende più accomodanti, inclina a una maggiore imparzialità.

RICORDA:

l'arroganza non è un'arma vincente, così come l'atteggiamento intransigente per le debolezze altrui o per le cose di scarsa importanza. Impara a essere più adattabile.

Chi ha bisogno di questo rimedio mostra la tendenza a condannare gli altri, pertanto deve imparare a sviluppare la tolleranza. Caratterizzato da uno spirito ipercritico, nuota nei pregiudizi e proietta i propri difetti sugli altri. A causa di un simile comportamento viene spesso isolato: il continuo brontolare di un *Beech* disarmonico non rimane molto simpatico. Spesso si perde in atteggiamenti meschini, manifestando un'irritazione sproporzionata alla causa: è intransigente ed eccessivamente pignolo. Sotto la facciata di forza si nasconde tuttavia una profonda insicurezza, che gli causa tensione interiore. Convinto di essere superiore, è privo di autocritica, di obiettività e della capacità di immedesimarsi negli altri. Il rimedio agisce sulle allergie.

PER CORREGGERE L'intolleranza e la critica eccessiva.

Centaury - Centaurea minore

centaurium umbellatum

Centaury è sensibile, disponibile, pronto a dedicarsi agli altri. Incapace di dire di no, nega le proprie esigenze e si sacrifica continuamente, arrivando all'esaurimento e alla frustrazione. Deve perciò rafforzare il proprio carattere.

Tendenza al servizio e debolezza nell'autoaffermazione sono le caratteristiche principali di questa persona, unite alla passività e alla sottomissione: pertanto emerge in lei il desiderio di legarsi a soggetti dal carattere forte, che il più delle volte la tiranneggiano. Il fiore attenua l'ipersensibilità alle richieste altrui, la propensione a dare in continuazione senza saper creare le condizioni per ricevere. *Centaury* ricerca la compagnia perché vive solo in funzione degli altri: viene spesso sfruttato per la sua disponibilità, ma poiché ha bisogno di riconoscenza, di ringraziamenti e di elogi, se queste condizioni non si verificano si sente facilmente ferito. Alla lunga il bisogno di approvazione e l'incessante volontà di rendersi utile portano all'autodegradazione.

RICORDA:

non devi essere lo zerbino degli altri: una certa disponibilità va bene, ma non la debolezza di carattere che consente a tutti di sfruttarti senza alcun rispetto.

PER CORREGGERE L'incapacità di dire di no.

Cerato - Cerato

ceratostigma wilmottiana

Si ricorre a questa essenza quando manca la fiducia nella propria voce interiore e, per sciogliere i dubbi, si assillano gli altri con domande e richieste di spiegazioni. L'intuizione, la sicurezza e la centratura verranno amplificate.

RICORDA:

evita di dare troppo peso alle opinioni altrui, non è detto che siano sempre giuste. Sforzati di trovare le risposte dentro di te: se ti concentri esse appariranno.

Il problema è rappresentato dall'incapacità di attingere all'intuizione e alla saggezza personali: si tende sempre a chiedere consigli, ci si mostra indecisi anche su cose futili, si snervano gli altri con domande continue. Il bisogno di cercare conferme nelle opinioni altrui è molto forte, poiché si pensa di essere propensi a sbagliare.
La difficoltà di sfruttare le proprie conoscenze crea agli occhi della gente il ritratto di una persona sciocca e ingenua. La curiosità eccessiva, l'ansia di sapere generano insicurezza anche rispetto a scelte di minima importanza; la frase ricorrente diventa "Sarà meglio che mi informi". *Cerato* ama le convenzioni ed è facilmente ingannabile: privo di centratura, imita gli altri anche a costo di fare brutte figure.

PER CORREGGERE L'incertezza sulle proprie scelte.

Cherry Plum - Mirabolano

prunus cerasifera

È il fiore di chi soffre di ossessioni, fissazioni e paure profonde. Ricostituisce l'equilibrio psichico, attenua il timore di compiere gesti terribili. Per soggetti che si sentono "sul punto di esplodere" e si sforzano di trattenersi.

Paura di guardare il proprio lato oscuro; incapacità di integrarsi con il mondo; chiusura, perdita di spontaneità. Si rivolge a stati psichici anche gravi, come schizofrenia e paranoia, ma è ugualmente utile in casi meno severi e per correggere disarmonie più leggere di quelle enunciate sopra. *Cherry Plum* chiama in causa gli scoppi d'ira improvvisi e incontrollati, a cui il soggetto ha paura di abbandonarsi qualora venga meno il suo autocontrollo. Si provano sensazioni particolari, si ha l'impressione di essere diversi, fuori luogo; la tensione interiore si trasforma in lentezza e meticolosità da eccessivo autocontrollo. Esaurimento nervoso e forte pericolo di suicidio sono altre indicazioni, così come l'interesse per la sessualità e i problemi in tale campo.

RICORDA:
le tue percezioni rivelano una sensibilità da incanalare costruttivamente. Dedicati a qualche attività creativa per trasformare in luce il buio interiore.

PER CORREGGERE Le paure dovute a eccessivo autocontrollo.

Chestnut Bud - Ippocastano

acsculus hippocastanum

Per chi non riesce a imparare dall'esperienza passata e ricade sempre negli stessi errori. Armonizza i temperamenti infantili, carenti di spirito di osservazione, che prendono la vita come un gioco e vivono le situazioni solo in superficie.

RICORDA:
se sbagli a innamorarti sempre dello stesso tipo di persona, o incontri continuamente problemi e disavventure dello stesso genere, la responsabilità è anche tua.

Chi ha problemi di apprendimento e incontra continuamente lo stesso tipo di difficoltà otterrà numerosi benefici dalle gemme dell'ippocastano. Il rimedio si addice a soggetti pigri, sbadati, che imparano con lentezza: spensierati e ingenui, chiusi nel loro piccolo io, si buttano in cose nuove senza aver completato le vecchie. Pensano di essere sfortunati, ma la verità è che non si impegnano abbastanza, non riflettono e non compiono alcuna autoanalisi; dimenticano facilmente e provano un continuo desiderio di esperienze. Oltre a correggere la tendenza a ripetere sempre gli stessi errori il rimedio è di aiuto nel ritardo infantile e in certi handicap. Può essere consigliato quando ci si ammala spesso, nelle recidive e nella difficoltà di guarigione.

PER CORREGGERE La carenza di spirito di osservazione.

Chicory - Cicoria selvatica

cichorium intybus

Bach chiamò il soggetto che ha bisogno di questo fiore "la madre bisognosa": al positivo siamo in presenza di un grande amore materno, ma nello stato disarmonico compare un vuoto interiore che si manifesta come attaccamento.

Egoista, tiranno, eccessivamente esigente, iperprevidente e iperattivo: ecco in sintesi il profilo di *Chicory*. Può essere più frequentemente un rimedio femminile, ma talvolta giova anche agli uomini. Viene giudicato impiccione e soffocante, come una madre troppo possessiva e opprimente; sempre in cerca dell'affetto dei propri cari, può mostrare la tendenza al ricatto emotivo e alla manipolazione delle persone che gli sono vicine, anche con maniere subdole. Si cura eccessivamente degli altri in modo da legarli a sé, e se non ottiene ciò che vuole fa il martire. La personalità *Chicory* rivela un grande bisogno affettivo: tra i lati negativi troviamo l'attaccamento a familiari, amici, oggetti, idee; inoltre, l'amore legato a condizioni ("Ti amo se…").

RICORDA:
cerca di non essere oppressivo con i tuoi cari: amali senza chiedere nulla in cambio, vedrai che ti dimostreranno il loro affetto e sapranno essere riconoscenti.

PER CORREGGERE La tendenza a essere possessivo.

Clematis - Vitalba

clematis vitalba

Carattere romantico, sognatore, incline alla confusione e alla distrazione. Doti di creatività, dolcezza nei modi, ma atteggiamento assente, sensazione di intorpidimento. Assumendo il rimedio si diventa più organizzati e attenti.

RICORDA:

per mettere in pratica la propria creatività e ottenere risultati bisogna stare con i piedi per terra e gestire con attenzione le piccole cose di ogni giorno.

Il difetto da armonizzare è rappresentato dalla mancanza di collegamento tra mondo fisico e mondo spirituale: è un soggetto con la testa fra le nuvole, che lamenta debolezza fisica, disattenzione e mancanza di lucidità. Sensibile, creativo, incline all'ispirazione, può essere un artista. Prova il bisogno di aggrapparsi a partner o amici dal carattere forte, che sappiano riportarlo con i piedi per terra, visto che lui ama fuggire dalla vita concreta.

Disordinato, lento nei riflessi, non sempre nota le cose e le situazioni; perde gli oggetti e appare trasognato. Carattere tenero e amabile, coltiva ideali di bellezza che talvolta non riesce a mettere in pratica; ha una scarsa propensione alle ansie e alle angosce, ma può andare incontro agli svenimenti.

PER CORREGGERE L'inclinazione al sogno e all'irrealtà.

Crab Apple - Melo selvatico

malus pumila

La disarmonia di fondo è data da un eccessivo desiderio di purificazione: si vive la propria parte oscura come una macchia, pertanto tutto deve essere ordinato, lindo, pulito, curato. Cattivo rapporto con la materia e con le sue manifestazioni.

Tendenza a lavarsi e a pulire continuamente; senso di repulsione per insetti, batteri, sporcizia, cibi guasti; difficoltà ad accettare manifestazioni terrene e materiali come sudore, foruncoli e simili. Questo fiore corrisponde a un soggetto preciso, meticoloso, molto sensibile, poco incarnato, che desidera essere "cristallino", "trasparente". Teme di lasciarsi contaminare dalle energie dell'ambiente, ha bisogno di luce e di sole poiché non accetta i lati oscuri della propria interiorità, quindi, simbolicamente, vuole evitare di essere insozzato. Aspira alla perfezione e alla purificazione; mostra una spiccata inclinazione a sopravvalutare i dettagli, le piccolezze. Il rimedio si usa anche contro alcune malattie della pelle e nelle cure disintossicanti.

RICORDA:

non esagerare
con il senso dell'igiene,
con la paura
delle malattie
e della contaminazione:
la vergogna e il disgusto
devono essere
convertiti in serenità.

PER CORREGGERE Sentirsi sporchi, macchiati, impuri.

Elm - Olmo inglese

ulmus procera

Per chi si sente sopraffatto dalle responsabilità e tende a diventare schiavo del proprio ruolo. L'essenza attenua la sensazione passeggera di sfinimento, a causa della quale si vorrebbe mollare gli impegni e fuggire lontano.

RICORDA:

è necessario assumersi doveri anche riguardo a se stessi e alla propria salute, non solo rispetto agli altri: accetta i tuoi limiti e l'ansia scomparirà.

Il tipo *Elm* si carica di molte responsabilità e accoglie su di sé più obblighi di quelli che può soddisfare, cosicché va incontro a uno stato di sovraffaticamento transitorio. Di solito è una persona capace, energica, intuitiva, efficiente: un intellettuale o un professionista, ma il rimedio giova anche alle casalinghe, ai bambini e alle altre categorie. L'importante è che si provi la sensazione di essere assillati dalle richieste esterne: non si sa da dove cominciare per smaltire tutti gli incarichi assunti. L'affermazione ricorrente è: "Non reggo più". Il forte senso del dovere spinge a credere di essere indispensabili e a voler soddisfare le aspettative altrui, finché si raggiunge il limite e si vorrebbe lasciar perdere tutto, anche le cose importanti.

PER CORREGGERE La convinzione di essere indispensabile.

Gentian - Genzianella autunnale

gentiana amarella

Il rimedio della mancanza di fede si rivolge a coloro che mettono sempre tutto in questione e vedono solo il lato negativo delle situazioni. Pertanto queste persone si scoraggiano facilmente e soffrono di tristezza da causa conosciuta.

Si ricorre a *Gentian* quando si è tormentati da amarezza, sfiducia e dubbi nel piano mentale, e nel caso si conoscano perfettamente i motivi del proprio stato d'animo negativo. La personalità è imprigionata da limiti eccessivi, creati dall'introversione, dallo scetticismo e da una mente troppo analitica: affiorano pessimismo e sconforto, poiché si crede di non avere possibilità di successo, che le cose andranno male e niente potrà cambiarle. Questo soggetto è spesso un ipocondriaco che oppone resistenza al cambiamento, inoltre può avere problemi digestivi. Il mondo viene misurato su di sé e sulle proprie emozioni; la sensazione costante è quella di abbattimento e di perdita interiore. Insieme a *Gorse* e *Wild Rose* è utile nelle malattie che non guariscono.

RICORDA:

non perdere la fiducia, non sentirti sconfitto: un rimedio esiste anche nei casi che sembrano disperati. Coltiva pensieri positivi e le situazioni miglioreranno.

PER CORREGGERE L'idea che tutto debba andare male.

Gorse - Ginestrone

ulex europaeus

La caduta della speranza in seguito a dispiaceri prolungati, delusioni irrisolte e malattie croniche richiede spesso l'azione riparatrice del ginestrone, il fiore adatto a chi si è arreso e non sa trovare la forza per reagire alle avversità.

RICORDA:
invece di sognare un miracolo capace di cambiare la situazione dall'esterno, è più saggio continuare a lottare senza rassegnarsi: presto tutto si aggiusterà.

L'energia vitale è ormai esaurita dai continui sforzi e dalle difficoltà per le quali, da tempo, non si riesce a trovare la soluzione. Questo rimedio attenua la disperazione e la grande rabbia interiore causate da malattie, insuccessi o rapporti personali che si sono trasformati in situazioni croniche: restituisce la voglia di lottare e di cambiare le cose che non funzionano. Il tipo *Gorse* ha sperimentato molte cure, ma non avendo risolto i problemi che lo affliggono "getta la spugna" e prova una sensazione di incredulità per quanto gli succede. Pallido e con occhiaie, ha un'aria stanca e indifferente; pensa di essere incurabile o di non poter trovare una via d'uscita. *Gorse* è l'aggravamento di *Gentian*, mentre *Wild Rose* rappresenta lo stadio finale del processo.

PER CORREGGERE La disperazione che blocca le forze.

Heather - Brugo

calluna vulgaris

L'egocentrismo prodotto da carenze affettive è tipico di Heather, il "bambino bisognoso" secondo la definizione di Bach. Vi giudicano logorroici e desiderosi di essere sempre al centro dell'attenzione? Il fiore delle brughiere potrà aiutarvi.

È un tipo estroverso che non ascolta mai gli altri, ma al contrario parla sempre lui: incapace di stare solo, attira l'attenzione su di sé e richiede dedizione continua, pretendendo che chiunque, anche gli sconosciuti, gli dedichino il loro tempo. Purtroppo non desta simpatia, anzi, viene giudicato stancante, anche perché non permette agli altri di esprimere il loro parere e mostra una spiccata tendenza alle esagerazioni, a ingigantire ciò che racconta. L'affermazione ricorrente è: "Io, io… (ho fatto, ho detto, e così via)". La carenza di empatia e la scarsa coscienza di sé derivano da un vuoto affettivo: spesso si tratta di un soggetto affettivamente denutrito fin dall'infanzia, incline a pensare solo ai propri problemi e a desiderare che tutto converga su di lui.

RICORDA:

se non ti senti o non ti sei sentito amato, devi sforzarti di risultare simpatico. La disponibilità e l'attenzione nei confronti degli altri verranno ripagate.

PER CORREGGERE Il fatto di parlare senza ascoltare.

Holly - Agrifoglio

ilex aquifolium

La pianta del Natale trasmette il grande insegnamento dell'amore superiore e della disponibilità affettiva. Se il cuore è chiuso nella rabbia e nel risentimento non potremo che andare incontro a sofferenze, insuccessi e afflizioni.

RICORDA:

rabbia, perfidia e desiderio di punire gli altri non contribuiscono a creare uno stato d'animo sereno e rilassato... E con questi sentimenti non si risolvono i problemi.

Holly è un rimedio importantissimo da utilizzare ogni volta che si provano emozioni inferiori come rabbia, irritazione, odio, gelosia, vendetta. Corrisponde a una tipologia di persona, ma è prezioso anche in certi casi della vita quotidiana, ad esempio quando ci sentiamo offesi e feriti e rispondiamo con la collera. L'atteggiamento sospettoso e la tendenza a vedere il male ovunque vengono armonizzati da questa essenza, soprattutto in chi si lamenta degli altri e mostra il timore di essere raggirato. L'affermazione tipica potrebbe essere: "Nessuno mi ama, tutti sono contro di me". Vi è un forte bisogno di dare e ricevere amore, ma non si sa entrare in contatto con la propria parte amorevole, cosicché si produce un avvelenamento interiore fonte d'infelicità.

PER CORREGGERE L'incapacità di perdonare.

Honeysuckle - Caprifoglio

lonicera caprifolium

Quando si deve superare l'attaccamento al passato e l'inclinazione a vivere completamente nei ricordi bisogna ricorrere al caprifoglio. Verrà così risolta la fissità interiore che blocca la capacità di trasformazione ed evoluzione.

Honeysuckle rifiuta le cose nuove, i cambiamenti, e paragona costantemente il presente al passato. Ciò che deve essere armonizzato è il collegamento tra passato e presente, in modo che il primo non pesi eccessivamente sul secondo. La mancanza di interesse per i problemi e le gioie quotidiane, a vantaggio della nostalgia e del rimpianto, spinge questa persona a provare dispiacere per le opportunità mancate: non si aspetta niente di positivo dal futuro e vorrebbe ricominciare da capo, ripetendo le esperienze già vissute. Il rimedio è utile contro l'incapacità di staccarsi dal ricordo di una persona o di una situazione cara, ma giova anche a chi ha paura di crescere e di invecchiare. Indicato nei lutti, insieme a *Gentian* (quest'ultimo per l'amarezza e la sensazione di perdita).

RICORDA:

non dare eccessiva importanza ai ricordi e alle esperienze trascorse, ma cerca di creare situazioni nuove e piacevoli. Il presente merita di essere vissuto.

PER CORREGGERE Lo scarso interesse per le situazioni attuali.

Hornbeam - Carpino

carpinus betulus

Per ovviare alla carenza di vitalità, alla noia e allo scarso coinvolgimento in qualsiasi attività. L'insoddisfazione emotiva per il proprio stile di vita o per situazioni temporanee è il campo di azione di questo rimedio.

RICORDA:

se qualcosa che stai facendo non ti appassiona, chiediti il perché. Un'attività può essere monotona, ma può anche essere stimolante se la prendi per il verso giusto.

Qui siamo in presenza di uno squilibrio dovuto alla mancata partecipazione emotiva: ci si lamenta perché si pensa di essere costretti a vivere nella routine e nel grigiore, mentre le emozioni gradevoli e le novità sono capaci di cancellare la stanchezza mentale. Quest'ultima è infatti tipica di *Hornbeam*, mentre in *Olive* l'esaurimento abbraccia ogni livello (anche fisico ed energetico). Il soggetto *Hornbeam* soffre di spossatezza psicofisica: ha la testa pesante e dubita di poter affrontare la giornata (sindrome "del lunedì mattina"). Ricorre a stimolanti (caffè, sigarette, farmaci) per intraprendere i compiti che lo attendono, ma se gli si propone di divertirsi torna a essere pimpante. Il rimedio si usa anche in applicazione esterna come tonico muscolare.

PER CORREGGERE La tendenza a lasciarsi assalire dalla noia.

Impatiens - Non mi toccare

impatiens glandulifera

I semi di questa pianta, una volta giunti a maturazione, vengono espulsi dal baccello come proiettili e schizzano lontano: ecco dunque il riferimento all'impazienza, all'energia convulsa che il rimedio è in grado di equilibrare.

Soggetto efficiente ma non diplomatico, è caratterizzato da un ritmo interno troppo veloce. Odia lo spreco di tempo, di denaro, di energie; non tollera i ritardi e i disguidi, tanto da preferire di lavorare da solo, al proprio ritmo, piuttosto che in gruppo. Come dice anche il nome, *Impatiens* non ha pazienza: incapace di stare fermo, si muove nervosamente, parla "a raffica", toglie le parole di bocca agli altri. È un individuo facilmente irritabile, ma la rabbia svanisce subito; mentalmente sveglio, rapido nell'azione, dotato di capacità superiori alla media, è però afflitto dalla sensazione che il tempo non gli basti mai. Indipendente, non ambizioso, possiede qualità di tipo organizzativo, ma talvolta rischia di essere superficiale. Indicato anche nei tic nervosi.

RICORDA:
la tensione interiore
e l'impulsività
non ti aiuteranno
a mettere in luce
le tue competenze.
Impara a rilassarti
e a non volere per forza
fare tutto e subito.

PER CORREGGERE L'eccesso di velocità e di fretta.

Larch - Larice

larix decidua

La qualità da sviluppare è l'autostima.
Il tipo Larch deve la sua insoddisfazione alla convinzione di non valere niente e al continuo confronto di se stesso con gli altri; ma il fiore di quest'albero di montagna saprà aiutarlo.

RICORDA:

bisogna saper accettare i propri limiti e gli insuccessi, tenendosi pronti a ripetere un'esperienza allo scopo di migliorarla. L'importante è non rimandare continuamente.

Chi ha bisogno del larice è caratterizzato da capacità e bravura in un campo specifico, ma si mostra timoroso del giudizio altrui e, nel caso di un insuccesso, non si mette nuovamente alla prova per paura di fallire ancora. Essendo convinto di non farcela, cerca pretesti per non dover intraprendere una nuova iniziativa: la mancanza di fiducia in se stesso dà luogo a un atteggiamento di falsa modestia, poiché questa persona, mentre dice che non è in grado di fare una determinata cosa, sotto sotto coltiva sentimenti di presunzione, orgoglio e permalosità. È un soggetto che ha bisogno degli altri, ma è incapace di chiederne l'aiuto, poiché si sente schiacciato dal complesso d'inferiorità. Il rimedio si usa anche per trattare l'impotenza sessuale nell'uomo.

PER CORREGGERE La tendenza a guardare solo al risultato.

Mimulus - Mimolo giallo

mimulus guttatus

Ecco un rimedio che lavora su paure piccole e grandi, indicato per la difficoltà di affrontare situazioni ansiose, dalle quali si preferisce invece fuggire. Il problema consiste nel non volere accettare le esperienze di vita.

Il fiore corrisponde di solito a soggetti timidi, delicati, silenziosi e solitari. Di essi si può dire che sono "bambole di porcellana", e come tali possono andare facilmente in frantumi: ipersensibili, arrossiscono facilmente, hanno difficoltà a stare in gruppo e provano paura per cose e situazioni conosciute, concrete: i ragni, l'aereo, i ladri e così via. Sono persone pacifiche che rifuggono le discussioni; se messe sotto pressione molto spesso si ammalano. Possono cadere in soggezione di personalità forti; talvolta, l'ipersensibilità e la timidezza danno luogo a balbuzie, riso nervoso, intolleranza agli eccessi (luce, rumore, odori sgradevoli). Anche le fobie specifiche (ad esempio la claustrofobia) ricadono sotto il dominio di *Mimulus*.

RICORDA:

se guardi dentro
di te scoprirai
che hai la forza
e il coraggio necessari
per affrontare tutto ciò
che la vita ti presenta.
Non nasconderti
e ce la farai.

PER CORREGGERE La paura che fa fuggire dalle situazioni.

Mustard - Senape selvatica

sinapis arvensis

Una nube oscura arriva quando meno ce l'aspettiamo, portando una cupa tristezza che non sappiamo spiegarci. Allora, come imprigionati nelle tenebre, dobbiamo aspettare che ci passi. A meno di non ricorrere a Mustard...

RICORDA:

la depressione di Mustard passa velocemente, quindi non lasciarti schiacciare e non pensare che sia irrisolvibile. Dopo il buio torna la luce, e il dolore scompare.

Questa essenza ripristina la serenità in momenti di buio interiore, quando ci sentiamo depressi, abbandonati e inconsolabili. L'indicazione principale è la profonda tristezza senza causa apparente: il soggetto *Mustard* non sa trovare una spiegazione logica per il suo stato d'animo, improvvisamente si disinteressa del mondo circostante e si apparta in solitudine, finché la disarmonia non si risolve. Vuole essere lasciato in pace e prova una sensazione di perdita riferita a qualcosa di ignoto. Incapace di sorridere e di superare con qualche mezzo il proprio malessere, non è un potenziale suicida, ma deve attendere che gli passi il suo malumore. Talvolta gli viene da piangere in pubblico, oppure in solitudine: il pianto è un'indicazione del rimedio.

PER CORREGGERE La sensazione di inutilità e di abbandono.

Oak - Quercia

quercus robur

Rimedio adatto a soggetti forti, coscienziosi, dallo spiccato senso pratico, che tuttavia si accaniscono al dovere e all'improvviso subiscono un crollo psicofisico. L'ostinazione eccessiva prima o poi deve essere ridimensionata.

Oak è un soggetto concreto, affidabile, altruista, mai invidioso. Ma è anche un "duro" che non si concede né pause né divertimenti: seppur stanco ed esaurito, non si lamenta e continua ad assumere su di sé il peso degli altri, oppure a portare avanti i propri impegni. Questo atteggiamento alla lunga conduce a un crollo improvviso, perché anche se si è fisicamente molto forti non si può ignorare il bisogno di svago e di riposo. Il coraggio e la tenacia si sposano qui all'orgoglio e alla testardaggine: chi risuona con il fiore della quercia combatte senza timore di perdere, ha una pazienza sovrumana ma si mostra severo e inflessibile con se stesso... fino a quando le sue energie cadono in picchiata. Il rimedio è indicato anche per risolvere problemi alla schiena.

RICORDA:

per sviluppare la vera forza è necessario anche essere consapevoli di quando è arrivato il momento di fermarsi. Non insistere oltre misura, o rischi di rovinare tutto.

PER CORREGGERE L'illusione di non stancarsi mai.

Olive - Ulivo

olea europaea

Un grande dispendio di energia, specie se prolungato, genera esaurimento su tutti i livelli: fisico, emotivo e mentale. Facciamo allora intervenire l'ulivo, la pianta che insegna a gestire la propria energia e permette di recuperarla.

RICORDA:
come l'ulivo che continua a dare frutti anche quando è vecchio, tu puoi ancora offrire le tue qualità: devi solo imparare a gestirti meglio. Trova l'energia dentro di te.

Le cause di questo stato d'animo negativo possono essere molteplici. Si va dalla disponibilità eccessiva verso le richieste degli altri e della vita, alla convalescenza dopo un periodo di forte stress o dopo una malattia debilitante, dalle battaglie interiori agli sforzi fisici protrattisi a lungo. Diventa allora difficile gestire le proprie risorse psicofisiche, e anche la minima fatica appare insostenibile. Emergono il costante desiderio di dormire e il disinteresse per cose che prima erano ritenute piacevoli e stimolanti. Il problema è dato dall'incapacità di riconoscere i ritmi del proprio corpo, a causa della quale si produce una sensazione di sfinimento fino al pianto e alla nausea. *Olive* aiuta a tornare in forma e a rafforzare il sistema immunitario.

PER CORREGGERE L'idea di essere esaurito e sfiduciato.

Pine - Pino silvestre

pinus sylvestris

Il pino esplica la sua azione sui sensi di colpa e sulla convinzione di non meritare nulla: è un rimedio importante anche nel caso di malattie autoimmuni, cioè quelle in cui l'organismo attacca se stesso.

La carenza di autostima e di amore per se stessi spinge a considerare i propri limiti, più che le proprie possibilità: l'errore viene vissuto come colpa, e nei casi più gravi ci si sente vigliacchi e indegni. Il soggetto *Pine* è caratterizzato da grande spirito di sacrificio, si impone alti obiettivi, ama dare molto agli altri, ma fa fatica a ricevere. Diventa un capro espiatorio e si accolla le colpe altrui; pertanto tende a scusarsi continuamente. È incapace di abbandonarsi al piacere, a meno che non abbia lottato duramente per conquistarlo. Pignolo e masochista, è il giudice inflessibile di se stesso: prova una sensazione di debito inestinguibile e si lascia travolgere dall'idea del peccato e della penitenza. Talvolta può sviluppare malattie degenerative.

RICORDA:
la malinconia e l'insoddisfazione che provi derivano dall'eccessivo perfezionismo e dall'incapacità di perdonare te stesso. Sforzati di allontanare i sensi di colpa.

PER CORREGGERE La tendenza all'autopunizione.

Red Chestnut
Ippocastano rosso
aesculus carnea

È il fiore della simbiosi, soprattutto in relazione ai rapporti con i propri cari. Nello stato disarmonico si desidera legare gli altri a sé con un sentimento iperprotettivo, accompagnato da premure esagerate ed egoistiche.

RICORDA:

le paure eccessive per gli altri e il credere che questi siano sempre in pericolo ti rende opprimente e antipatico. Lascia le persone che ami libere di vivere a modo loro!

Il bisogno di prendersi cura dei propri cari e di essere rassicurato circa il benessere altrui raggiunge qui livelli massimi, generando ansie continue. Proiettando le proprie insicurezze sui familiari *Red Chestnut* assume un atteggiamento soffocante rispetto a figli, coniuge, partner, parenti, amici stretti: immagina disgrazie incombenti su di loro, si preoccupa per la loro salute e vuole proteggerli assillandoli in ogni circostanza con consigli, divieti, suppliche. Pessimista, nervoso e ansioso, vive la vita altrui come se fosse la propria allo scopo di fuggire da se stesso. Infatti non ha mai paura riguardo a sé e non si cura della propria persona. Il fiore è spesso complementare di *Chicory*; indicato anche per favorire lo svezzamento dei neonati dal latte materno.

PER CORREGGERE Il desiderio di tenere i propri cari legati a sé.

Rock Rose - Eliantemo

helianthemum nummularium

Cosa fare quando si soffre di attacchi di panico? Le cause e le sfumature di questo disturbo possono essere varie, ma l'essenza in questione è spesso utile poiché esplica un effetto di modulazione del sistema nervoso centrale.

Si rivolge a soggetti psichicamente fragili, che in molteplici occasioni provano paure folli e sono incapaci di reagire. Appaiono allora sintomi come tachicardia, sudorazione profusa, sensazione di gelo, dolore al plesso solare, annebbiamento della coscienza, difficoltà di muoversi e di parlare. *Rock Rose* lavora sulla sensazione di continuo allarme interiore, sull'angoscia egocentrica e sugli accessi di terrore che paralizzano. Adatto a chi ha vissuto in situazioni di sottomissione e umiliazione, soprattutto se permane la paura inconscia di essere braccato o di venire punito; può aiutare anche chi non osa ribellarsi a persone ritenute più forti e coltiva pensieri di suicidio. Talvolta: antenati, familiari con sistema nervoso provato, oppure alcolisti, tossicodipendenti.

RICORDA:

puoi trovare il coraggio dentro di te e annullare il panico che ti assale: non perdere la testa, ma sforzati di affrontare le situazioni che ti spaventano.

PER CORREGGERE Pensare di essere inerme contro il terrore.

Rock Water - Acqua di sorgente

aqua petra

È l'unico rimedio di Bach non costituito da parti vegetali: si tratta infatti di acqua proveniente da sorgenti che scorrono sulle rocce, situate in luoghi sacri o frequentati da asceti. Induce flessibilità psicofisica.

RICORDA:

non è bello rinunciare a priori a tutto ciò che ti sembra incompatibile con il tuo stile di vita: rilassati e accetta chi ti sta vicino con le sue diversità.

La schiavitù rispetto a regole e dogmi è la disarmonia centrale su cui interviene questo rimedio. Il tipo *Rock Water* non impone regole agli altri, solo a se stesso: ama dare il buon esempio, così da costituire un modello per il prossimo. Emerge in lui una rigidità comportamentale, accompagnata da svariate fissazioni: può essere vegetariano, astemio, culturista, non fumatore, e così via. La negazione del piacere e dei bisogni istintivi, insieme all'incapacità di mettersi in discussione, crea ben presto molte manifestazioni di stress psicofisico. Perfezionista e amante della disciplina, coltiva ideali rigidi e impossibili. Viene inquadrato come un "falso monaco", poiché si sente spiritualmente superiore (quasi un asceta) ma è invece un soggetto istintivo represso.

PER CORREGGERE La tendenza a fissarsi sulle cose e a irrigidirsi.

Scleranthus - Centigrani

scleranthus annus

Questa piantina minuscola, i cui fiori sembrano foglie, possiede la proprietà di risolvere l'instabilità caratteriale e la tendenza a oscillare tra due poli opposti. Ripristina l'equilibrio e permette di fare chiarezza.

Dispersione di energia, mancanza di centratura e di stabilità interiore, tendenza a cambiare continuamente parere: *Scleranthus* è il rimedio più appropriato. Solitamente si tratta di un soggetto riservato che non chiede consigli, ma a causa dei suoi sbalzi d'umore viene considerato inaffidabile. Infatti prende una decisione ma poi ci ripensa, oppure non è in grado di scegliere tra due possibilità che lo attirano in ugual misura. Eclettico, cambia facilmente opinione; può soffrire di meteoropatia e di sintomi altalenanti: febbre e ipotermia, fame e mancanza di appetito, e via dicendo. Insoddisfatto, in perenne conflitto tra razionalità e cuore, a volte è scoordinato nei movimenti. Il rimedio è adatto a mal di mare, mal d'auto, vertigini e labirintite.

RICORDA:

se i tuoi pensieri saltano continuamente qua e là come una cavalletta, concentrati e ascolta la voce interiore. Riuscirai a capire qual è la scelta giusta.

PER CORREGGERE L'oscillazione tra un estremo e l'altro.

Star of Bethlehem
Latte di gallina
ornithogalum umbellatum

Utilissimo nei traumi di qualunque genere (sia fisici che emotivo-mentali), permette di annullare gli eventi spiacevoli che non sono ancora stati smaltiti e creano perturbazioni di vario tipo.

RICORDA:

dolore inconsolabile, blocchi energetici, intorpidimento generalizzato: per sconfiggere questi e altri sintomi bisogna sviluppare la forza di ricominciare e di andare avanti.

Per favorire l'integrazione delle esperienze dolorose e il loro superamento entra in gioco questo piccolo fiore dai petali bianchi. Qualsiasi trauma irrisolto, antico o recente, viene ripercorso con l'assunzione del rimedio, e poi cancellato. La persona presenta voce soffocata, gonfiori diffusi, desensibilizzazione di aree corporee, blocco dei movimenti. Incapace di smaltire shock o turbamenti profondi, questo soggetto si caratterizza per l'anestesia forzata degli affetti e dei sentimenti: è spento, apatico, triste, non sa affrontare le situazioni che richiedono maggiore energia. Il sistema è sovraccarico, pertanto si generano stasi, rallentamenti, accumuli, paralisi (anche fisiche, ad esempio le paresi facciali). Oltre che per bocca si usa in applicazione esterna sulla pelle.

PER CORREGGERE La paralisi dell'anima in seguito a un trauma.

Sweet Chestnut Castagno dolce

castanea sativa

È il fiore della rinascita, appropriato per coloro che oppongono resistenza al cambiamento e si trascinano in situazioni stagnanti, con profonda sofferenza emotiva e stress mentale.

Chi ha bisogno di *Sweet Chestnut* esercita una resistenza passiva rispetto a cambiamenti necessari e non è capace di intraprendere un nuovo ciclo di vita. Il comportamento è comunque molto dignitoso: il soggetto controlla le emozioni e la mente, non si autocommisera, nasconde il suo stato, non chiede aiuto e non cerca comprensione negli altri. Ma la sua sofferenza traspare dal volto, poiché si sente al limite della capacità di sopportazione. Il rimedio agisce contro la sensazione di morte interiore, quando si ha l'idea di essere in una stanza buia, senza via d'uscita ("la lunga notte dell'anima"). Anche se *Sweet Chestnut* non sa come superare la sua condizione, dentro di sé è convinto che prima o poi qualcosa di completamente nuovo dovrà accadere.

RICORDA:

l'angoscia profonda scomparirà quando ti sarai liberato dalle vecchie situazioni e avrai raggiunto nuovi orizzonti. Non nascondere a te stesso e agli altri questa esigenza.

PER CORREGGERE L'incapacità di effettuare una trasformazione.

Vervain - Verbena

verbena officinalis

La verbena, con i suoi piccoli fiori posizionati su steli sproporzionati, comunica l'idea dell'esagerazione, della mancanza di misura. In effetti il rimedio riequilibra gli eccessi, l'eccitazione, l'entusiasmo sfrenato.

RICORDA:

parla pure delle tue convinzioni, ma senza cercare di imporle per forza. Impara poi a rilassarti e a non esagerare in tutte le cose che fai.

Esaltato, fanatico, dotato di un eccesso di energia: *Vervain* desidera convincere e convertire gli altri alle proprie idee e si comporta impulsivamente. Al positivo è carismatico, coraggioso, disponibile a sacrificarsi per ciò in cui crede; ma nello stato disarmonico appaiono stress, ipertensione, nervosismo, irritabilità. Ama la compagnia, mostra grande interesse per gli altri: idealista, predicatore, missionario, parla e si muove velocemente; all'inizio affascina, poi stanca perché è troppo invadente. Privo di senso della misura, mette uno zelo esagerato in qualunque azione. Non riesce a "staccare la spina", è sempre iperattivo. Possiede forza di volontà e costanza nei propositi, ma soffre di tensione psicofisica. Spesso il rimedio è complementare di *Impatiens*.

PER CORREGGERE Il pensare di poter convincere chiunque.

Vine - Vite

vitis vinifera

Quando qualcuno si fa notare per un comportamento autoritario e non è più in grado di rispettare l'individualità altrui, la frattura tra potere e amore ha raggiunto un limite che deve essere bilanciato grazie a questo fiore.

Vine si distingue per la presenza di spirito, il sangue freddo e le doti da leader: esercita il potere coordinando le attività altrui e affrontando coraggiosamente ogni emergenza. Ma al negativo l'atteggiamento diventa dittatoriale, perché questo soggetto non discute più, ordina; la testa prevale sul cuore, il sentimento della compassione viene ignorato. L'abilità di razionalizzare i problemi e di risolverli si trasforma in ambizione sfrenata e in smania di successo; il senso di superiorità prende il sopravvento, l'umiltà scompare e rimane solo la volontà di dominare il prossimo. *Vine* disarmonico incute timore, ha modi freddi, intransigenti; può diventare insopportabile e violento. In certi casi, soprattutto con chi si sottrae al suo gioco di potere, si autoreprime.

RICORDA:

dominare significa servire gli altri: se l'autoritarismo e l'intransigenza prendono il posto dell'amore e della compassione ti ritroverai con un sacco di problemi.

PER CORREGGERE La volontà di comandare dittatorialmente.

Walnut - Noce

junglans regia

Il noce, quando spuntano le foglie nuove, emana un'aura fragrante che tiene lontani insetti e uccelli: qualcosa di simile si può dire per il rimedio floreale, efficace per allontanare le ingerenze esterne nei momenti di cambiamento.

RICORDA:

puoi anche ascoltare i consigli altrui, ma devi essere tu a decidere cosa è meglio per te. Inoltre, con piccoli sforzi, vedrai che saprai adattarti alla nuova situazione.

La difficoltà di attuare un cambiamento necessario, perché manca la spinta interiore, rende instabili, confusi, impauriti. *Walnut* annulla l'esitazione e le interferenze esterne (ad esempio quelle di familiari, amici, colleghi, situazioni varie), consentendo di adattarsi a qualunque tipo di cambiamento, anche fisico: pubertà, climaterio, trasferimento di lavoro, trasloco, divorzio, nuovi orari, arrivo di un ospite in famiglia, e così via. Nello stato d'animo negativo si notano stress e tensione interiore per il cambiamento in atto, insicurezza momentanea, sensibilità all'opinione altrui: anche con un piede nel nuovo, non si riesce a staccarsi dal vecchio. *Walnut* può servire in alcuni disturbi mestruali e per ridurre la secrezione nasale in caso di raffreddore.

PER CORREGGERE L'incertezza legata a un cambiamento.

Water Violet - Violetta d'acqua
hottonia palustris

Rimedio dell'isolamento e della chiusura affettiva, adatto a molteplici circostanze. Si tratta di persone dalla vita interiore profonda e intensa, che non riescono a esprimere il loro potenziale per un eccesso di riservatezza.

La capacità di entrare in contatto con gli altri è scarsa nel tipo *Water Violet*, per cui si originano vari problemi. Essendo bloccato il flusso energetico dall'interno all'esterno il soggetto appare superiore, un po' snob: tiene le persone a distanza e conduce una vita ritirata, composta. Seppur molto ricercato come consigliere, ritiene di non essere capito, quindi parla poco di sé. Non ama le discussioni e mantiene un atteggiamento freddo, impassibile, privo di affetto e calore. Dotato di saggezza e intuito, è riservato, mai invadente, ama il silenzio e la tranquillità. L'orgoglio e l'amor proprio diventano talvolta eccessivi, quindi possono indurre alla presunzione. Il rimedio è utile in certe dermatiti da contatto e nei disturbi femminili come la cistite.

RICORDA:
va bene essere indipendenti, ma non ti pesa la tua solitudine? Le doti interiori a cosa servono senza l'affetto e lo scambio con gli altri? Scendi dal piedistallo.

PER CORREGGERE L'idea di non aver bisogno degli altri.

White Chestnut
Ippocastano bianco
aesculus hippocastanum

Lavorìo mentale, confusione, difficoltà di rilassarsi, insonnia: il campo di applicazione di questa essenza comprende svariati problemi, ma in ogni caso l'eccitazione mentale gioca un ruolo di primo piano.

RICORDA:
vivi le emozioni direttamente e non filtrarle attraverso la mente. Parla con gli altri e ascoltali, sii presente nel mondo senza lasciarti travolgere dal vortice delle idee.

White Chestnut riguarda il potere mentale, cioè le abilità intellettuali e l'uso della mente. Chi ricorre spesso alle doti razionali – per motivi di lavoro o per altri scopi – prova talvolta la fastidiosa sensazione della mente invasa da pensieri indesiderati, che creano una tensione logorante. Il soggetto ha difficoltà a rilassarsi perché gli viene da pensare a ciò che ha fatto durante la giornata o a ciò che dovrà fare l'indomani; nella testa girano vorticosamente idee, riflessioni, congetture, ritornelli e desideri, come se si trattasse di un "disco incantato". L'eccessiva concentrazione impedisce di sentire la voce altrui e non si sanno risolvere i problemi pratici. Completano il quadro cefalea, insonnia, tendenza a digrignare i denti, nevralgie agli occhi.

PER CORREGGERE Pensare continuamente a cose disparate.

Wild Oat - Avena selvatica

bromus ramosus

Per chi non sa trovare la propria vocazione nella vita e incontra difficoltà nel dedicarsi intensamente e completamente a un compito ben preciso. La propensione a ricercare cose speciali fa perdere di mira i veri interessi.

Questo rimedio è adatto a soggetti originali e sempre insoddisfatti, che sprecano le loro energie dedicandosi a molteplici attività senza portarne a termine alcuna. Si trovano a loro agio ovunque, in quanto sono curiosi rispetto a ciò che li circonda, tuttavia temono l'eccessivo impegno e non approfondiscono gli argomenti a cui si avvicinano. Ben presto sopraggiunge in loro un sentimento di noia che li spinge a intraprendere progetti nuovi, cosicché soffrono per la mancanza di obiettivi veramente coinvolgenti. Estrosi ed egocentrici, capaci, intuitivi e intelligenti, sono ambiziosi ma si comportano da eterni adolescenti: desiderano raggiungere alte mete ma non sanno quali queste possano essere. Indicato anche per fare chiarezza in molti casi di indecisione.

RICORDA:

è importante capire cosa ti interessa veramente e ti dà soddisfazione, piuttosto che inseguire continuamente nuovi stimoli. Impara a impegnarti di più in una sola attività.

PER CORREGGERE Cercare sempre qualcosa di meglio da fare.

Wild Rose - Rosa canina

rosa canina

Essenza importante per tutti coloro che si sono arresi e non provano più alcuna emozione, Wild Rose restituisce la gioia di vivere anche nel caso di stati depressivi profondi. Rappresenta l'aggravamento di Gorse.

RICORDA:

anche se hai sofferto devi reagire: non fingere di non essere vivo, ma sforzati di trovare nuove motivazioni nelle innumerevoli possibilità che la vita ci presenta.

Lo stato d'animo negativo si deve in questo caso a lunghe sofferenze, ad aspettative deluse e a dispiaceri ripetuti che hanno cancellato ogni capacità di reagire, precipitando il soggetto in una condizione di apatia. All'indifferenza totale per qualsiasi cosa (anche piacevole), si aggiungono passività, stanchezza psicofisica, voce monotona e opaca. *Wild Rose* non gioisce mai, non piange, si trascura, si lascia andare: ha spesso un aspetto trasandato, l'umore è piatto e si può dire che questa persona non vive, vegeta. Tuttavia non si lamenta del proprio stato perché lo considera normale. Il dolore per le aspettative non realizzate lo ha reso fatalista e pensa di non poter cambiare nulla. Il rimedio ripristina la sensibilità e dona la voglia di ricominciare.

PER CORREGGERE La convinzione che ormai sia inutile lottare.

Willow - Salice giallo

salix vitellina

Sentirsi continuamente vittime dell'ambiente, degli altri e delle proprie circostanze di vita produce una cattiva disposizione d'animo che attira problemi e situazioni negative: "Come si è dentro, così si è anche fuori".

Può essere che si tratti di un soggetto oggettivamente sfortunato, ma ciò che conta per la scelta di questo rimedio è il fatto di sentirsi disgraziato, maltrattato e subissato di ingiustizie. *Willow*, il salice piangente, si lamenta sempre e lancia frecciatine; tiene il broncio e non dimentica facilmente i torti subiti. Invidioso dei successi altrui, è comunque un ingrato, poiché ammette raramente i miglioramenti e si autocommisera. Per lui la colpa è sempre degli altri: perennemente deluso, avaro, rabbioso, amareggiato e permaloso, non si assume le proprie responsabilità. È incline alla mania di persecuzione e alla mancanza di disponibilità. Inacidito, sviluppa emozioni fredde e secche, tra cui il rancore e il risentimento. Rimedio delle malattie reumatiche.

RICORDA:

invece di pensare che ti capitano sempre e solo cose negative, sarebbe meglio mostrare maggior gratitudine e disponibilità. Il continuo lamentarsi non porta a niente di buono.

PER CORREGGERE L'idea che la vita ti debba qualcosa.

Rescue Remedy

Un particolare rimedio di pronto soccorso costituito da una miscela di cinque fiori: Cherry Plum, Clematis, Impatiens, Rock Rose, Star of Bethlehem.

Creato appositamente da Bach stesso come miscela di emergenza, il *Rescue Remedy* è un marchio registrato del Bach Centre. Altre ditte lo commercializzano con altri nomi, ad esempio la Healing Herbs lo chiama *Five Flower Remedy* (http://www.healingherbs.co.uk). Essendo una miscela da impiegare in stati transitori e per risolvere situazioni impreviste, di solito non si utilizza per cicli terapeutici veri e propri, e nemmeno per lunghi periodi. Agisce sulle ansie generiche e sugli stati d'animo negativi legati a traumi, incidenti, delusioni, cattive notizie; in ogni caso, saranno sempre circostanze che si verificano all'improvviso. Vi si ricorre anche in funzione preventiva nell'attesa di eventi futuri che generano paura, agitazione, insicurezza, talvolta cominciando l'assunzione uno o due giorni prima dell'evento. Può essere utile per calmarsi prima di andare dal dentista, o nella prospettiva di dover affrontare un esame, una conferenza, una situazione spiacevole. Inoltre lo si usa:

- per alleviare il malessere dell'aggravamento terapeutico. In questo caso si possono sospendere per 1-2 giorni gli altri fiori, oppure continuare ad assumerli;

MEGLIO USARE IL RESCUE REMEDY O I SINGOLI FIORI?

Bisogna sempre cercare di capire se lo stato d'animo che si intende riequilibrare rientra davvero nel campo d'azione del *Rescue*, o se invece non sia più appropriato un rimedio singolo.
L'ansia di anticipazione, la paura di un evento che conosciamo e al quale non possiamo sottrarci richiede *Mimulus*. L'ansia senza oggetto, gli incubi e i timori indefiniti sono tipici di *Aspen*, mentre gli attacchi di panico potrebbero aver bisogno di *Rock Rose* da solo. In presenza di tristezza e amarezza da causa conosciuta si provi con *Gentian*; se alla base della perturbazione emotiva riscontriamo l'insicurezza e i complessi d'inferiorità bisogna sperimentare *Larch*. Per i traumi, sia fisici sia emotivi, a volte funziona meglio *Star of Bethlehem* da solo; contro rabbia, irritazione e aggressività conviene utilizzare *Holly*.

- in applicazione locale sulla pelle, sia puro che diluito (almeno 4 gocce in poca acqua), per trattare contusioni, slogature, ustioni, punture d'insetti, morsi di animali;
- su ferite aperte, in attesa di ricorrere a prodotti antisettici e cicatrizzanti.

Esiste anche la *Rescue Cream*, una pomata da spalmare sulle zone affette da disturbi. Per bocca, il *Rescue Remedy* viene assunto generalmente con il metodo del bicchiere d'acqua, versandovi come minimo 4 gocce dell'essenza e sorseggiando a intervalli molto brevi (ogni 5 minuti, o anche più spesso, finché non si nota l'attenuazione dei sintomi). Se, terminato il bicchiere, il disturbo è ancora presente, si prosegue nella stessa maniera con un secondo bicchiere e anche con un terzo. Ciò che conta non è tanto il numero di gocce o le quantità di miscela bevute, quanto la ripetizione molto frequente dello stimolo terapeutico. Su una contusione, se si applica il *Rescue* puro per almeno 10 volte a intervalli di 1-2 minuti (non appena il liquido sulla pelle si è asciugato), il dolore sparisce velocemente e non si forma l'ematoma.

Quando non abbiamo a disposizione il bicchiere d'acqua è possibile prendere le gocce dal flaconcino originale, stillandole in bocca molto frequentemente (non si contano 4 gocce, ma si prende circa mezzo contagocce per volta).

In un soggetto privo di sensi è opportuno spandere con le dita almeno 4 gocce del *Rescue* puro su labbra, polsi, tempie, fronte e dietro le orecchie, ripetendo la somministrazione varie volte subito dopo che il rimedio si è asciugato.

curarsi con i fiori

Alcuni disturbi trattabili con i fiori di Bach

Questo repertorio di sintomi e situazioni non pretende di essere esauriente, ma vi potrà servire come punto di partenza per intervenire con i rimedi floreali su squilibri di vario tipo, dai più semplici ai più complessi.

Al di là del sintomo specifico, considerate l'insegnamento di Bach: è necessario fare sempre molta attenzione al temperamento del soggetto da trattare.

Abbandono, sensazione di

Gentian per allontanare depressione o tristezza; *Honeysuckle* per eliminare il peso del passato; *Olive* è utile nel bisogno di ricaricarsi; *Star of Bethlehem* aiuta a superare il trauma da abbandono.

Accanimento al lavoro

Oak è il rimedio adatto per chi si dedica solo al lavoro con tutte le proprie forze.

AIDS

Holly è sempre da tenere in considerazione come coadiuvante.

Alcolismo

Agrimony nell'abuso di alcol o di altre sostanze eccitanti.

Allergie

Beech è il rimedio principe dell'allergia; *Holly* è da tenere presente in soggetti rabbiosi, vendicativi; *Impatiens* e *Vervain* possono essere utili perché lavorano sul fegato, l'organo che nella medicina naturale è collegato alle sindromi allergiche.

Anoressia e bulimia

In questi casi i rimedi possono essere numerosi: vediamo i principali. *Chicory* per chi cerca l'attenzione altrui sentendosi trascurato; *Crab Apple* per chi prova vergogna o sensazione di sporcizia riguardo al proprio corpo; *Heather* nei soggetti carenti di affetto che tendono a mangiare molto; *Honeysuckle* in persone che non vogliono crescere e rimangono legate al passato; *Scleranthus* per chi alterna anoressia e bulimia.

Ansia

Agrimony per l'ansia nascosta, mascherata da un atteggiamento allegro; *Aspen* quando si provano paure vaghe, indeterminate; *Elm* nel caso si pretenda troppo da se stessi e, sfiniti, si desideri fuggire dagli impegni; *Heather* se l'ansia è causata da un vuoto affettivo e dal desiderio di attirare gli altri a sé; *Impatiens* quando si è frettolosi, impazienti, nervosi; *Larch* per soggetti carenti di autostima e fiducia in se stessi; *Mimulus* per fobie specifiche e paure di origine conosciuta; *Sweet Chestnut* nell'angoscia profonda che non viene mostrata all'esterno; *Red Chestnut* in soggetti iperprotettivi, ansiosi per la salute dei propri cari; *Rock Rose* in forme d'ansia improvvise (ad esempio attacchi di panico), che provocano irrigidimento e incapacità di reagire.

Apatia

Wild Rose aiuta a ritrovare la voglia di vivere.

Apprendimento, difficoltà di

Chestnut Bud per favorire l'attenzione e la capacità di imparare; *Clematis* nel caso di distrazione, atteggiamento assente o sognatore; *Hornbeam* per la sensazione di noia e la stanchezza mentale; *White Chestnut* se non si riesce a concentrarsi per i troppi pensieri che affollano la mente.

Aridità affettiva

I rimedi sono diversi, secondo i tratti dominanti della personalità: *Heather*, *Impatiens*, *Vine*, *White Chestnut*, *Wild Rose*, *Willow*.

Articolazioni, problemi alle

I rimedi più appropriati per i disturbi articolari sono in molti casi *Pine*, *Rock Water* e *Willow*. Possono essere indicati anche: *Beech* per chi è intollerante o ipercritico; *Vine* per gli autoritari e gli ambiziosi; *Water Violet* quando si coltivano sentimenti di superiorità e si tende a isolarsi.

Avvelenamento

Holly è il rimedio generico contro avvelenamenti e intossicazioni, sia per uso interno sia per applicazione locale; *Crab Apple* svolge azione disintossicante; *Rescue Remedy* è

sempre da tenere in considerazione, sia per uso interno che esterno.

Balbuzie

Cherry Plum quando la balbuzie deriva da eccessivo autocontrollo; *Larch* per chi teme di non superare il problema; *Mimulus* se il disturbo è legato alla timidezza.

Bruxismo

Agrimony e *White Chestnut* sono i fiori che agiscono sulla tendenza a digrignare i denti.

Cambiamenti

Walnut è il fiore appropriato per facilitare i cambiamenti di ogni tipo.

Collasso nervoso

Cherry Plum per chi vuole tenere tutto sotto controllo e sente di non potercela fare; *Oak* è adatto alle persone che non si concedono mai pause; *Scleranthus* per coloro che sono sempre indecisi tra due o più possibilità; *Vervain* per soggetti che hanno la tendenza all'esagerazione.

Colpa, sensi di

Pine è il rimedio per chi vive nel rimorso per gli errori commessi e si rimprovera continuamente.

Coma

I rimedi adeguati sono *Clematis* e *Wild Rose*.

Competitività

Holly per i soggetti che vogliono vincere a ogni costo e si arrabbiano facilmente; *Vine* per le persone fredde e ambiziose.

Contusioni

Il *Rescue Remedy* verrà applicato puro sulla zona interessata per molte volte consecutive; ma si consideri anche l'opportunità di applicare *Star of Bethlehem*.

Convalescenza

Olive come aiuto per ritemprare il corpo e la mente.

Debolezza

Centaury quando non si riesce a dire di no per debolezza di carattere; *Hornbeam* nel caso si soffra di noia e stanchezza mentale; *Olive* aiuta a recuperare le energie dissipate; *Wild Rose* se il problema di fondo è rappresentato dall'apatia.

Depressione

Agrimony nella depressione mascherata da allegria; *Cherry Plum* per chi si crede sul punto d'impazzire; *Chicory* per chi ha la tendenza a manipolare gli altri e si offende facilmente; *Gentian* nel caso si conosca la causa della propria depressione; *Gorse* per ritrovare la speranza quando ci si è ormai arresi in maniera rabbiosa; *Mustard* per chi non conosce il motivo del proprio malessere; *Elm* per chi sente il peso delle responsabilità; *Oak* per soggetti accaniti al lavoro o agli impegni in genere; *Star of Bethlehem* in caso di traumi subìti; *Sweet Chestnut* per persone affette da profonda disperazione che non mostrano all'esterno il proprio stato; *Willow* per chi ritiene che il destino gli sia avverso.

Dipendenze

Agrimony è il fiore delle dipendenze in generale (cibo, farmaci, fumo, droghe e via dicendo), al quale può essere abbinato *Sweet Chestnut* nel caso di angoscia profonda; *Cherry Plum* può servire per attenuare le crisi di astinenza; *Crab Apple* è utile come disintossicante fisico e mentale; *Rock Rose* nel caso si provino sensazioni di panico.

Gengiviti

Crab Apple e *Rescue Remedy* da usare separatamente per sciacqui in caso di irritazioni alle gengive.

Impulsività

Beech per chi critica tutto e tutti; *Holly* quando ci si arrabbia facilmente; *Impatiens* per chi ha un carattere impulsivo in generale; *Vervain* per la persona idealista, priva di senso della misura.

Incostanza
I rimedi più adatti sono *Cerato*, *Clematis*, *Scleranthus* e *Wild Oat*.

Incubi
I fiori più appropriati sono *Aspen*, *Cherry Plum* e *Rock Rose*.

Infezioni
Crab Apple, l'antibiotico floreale, è molto utile per ripulire l'organismo; *Olive* per aiutare la ripresa generale e stimolare il sistema immunitario.

Insicurezza
Cerato aiuta ad acquisire maggiore determinazione; *Larch* per chi soffre di complessi d'inferiorità; *Scleranthus* quando non si sa scegliere fra due alternative; *Wild Oat* per chi non ha le idee chiare circa i propri desideri e le proprie aspirazioni.

Insonnia
Aspen nel caso di incubi; *Elm* se non si riesce a dormire per il peso delle responsabilità; *Honeysuckle* se torna in mente il passato; *Rock Rose* per chi ha paura all'atto di addormentarsi; *White Chestnut* per l'insonnia causata da troppi pensieri.

Instabilità emotiva
Clematis e *Scleranthus*, anche in associazione, per gli sbalzi d'umore.

Invidia
Holly come rimedio di fondo; talvolta possono essere utili *Beech* e *Vine*.

Iperattività
Vervain per chi non riesce a rilassarsi mai.

Ipertensione
Spesso sono indicati *Chicory*, *Holly*, *Vervain* e *Vine*.

Jet-lag
Walnut per i disturbi legati al cambio di fuso orario.

Lutto
Gentian per combattere la depressione causata dal lutto; *Honeysuckle* per superare il rimpianto e i ricordi; *Star of Bethlehem* contro il trauma in genere.

Mal d'auto, aereo, nave
Scleranthus è indicato in questi casi: bisogna cominciare ad assumer-

lo prima della partenza, eventualmente in associazione con *Rescue Remedy* (ma in somministrazioni separate).

Mal di collo e di schiena

I fiori possono essere diversi, secondo il soggetto. Tra questi abbiamo *Beech*, *Elm*, *Oak*, *Rock Water* e *Vine*.

Mal di denti

Agrimony, *Crab Apple* e *Rescue Remedy* sono i rimedi adatti.

Mal di testa

Hornbeam se il mal di testa dipende da noia e stanchezza mentale; *White Chestnut* quando non si riesce a interrompere il flusso continuo dei pensieri.

Nervosismo

Impatiens e *Vervain* sono spesso le essenze appropriate; talvolta può esservi bisogno di *White Chestnut*.

Paura

Agrimony è indicato nel timore di restare solo; *Aspen* nel caso di paure vaghe e indefinite; *Cherry Plum* per il bisogno di controllare i propri istinti; *Crab Apple* contro la paura della sporcizia; *Gentian* per l'eccessiva preoccupazione riguardo al proprio stato di salute; *Mimulus* contro paure specifiche, conosciute; *Red Chestnut* per chi si preoccupa della salute di familiari o amici; *Rock Rose* per chi soffre di attacchi di panico o di terrori improvvisi.

Pelle, problemi di

Crab Apple in generale in molteplici problemi di pelle; *Holly* contro irritazioni o avvelenamenti superficiali (ad esempio punture di insetti, sfregamento contro piante irritanti); *Hornbeam* per rinvigorire pelli spente, asfittiche; *Star of Bethlehem* nella perdita di sensibilità cutanea; *Water Violet* nelle dermatiti da contatto; *Rescue Remedy* come coadiuvante in varie occasioni.

Pessimismo

Gentian e *Willow*, anche in associazione, sono i rimedi più indicati.

Possessività

Chicory e *Red Chestnut* contro l'ansia per i propri cari e nell'invadenza in genere.

Rabbia

Beech per chi è intollerante; *Holly* nella rabbia manifesta, con desiderio di vendetta; *Gorse* quando ci si è arresi a causa di insuccessi ripetuti e si provano collera e disperazione; *Willow* per chi ritiene di aver subito torti o ingiustizie.

Raffreddore

Walnut contro il naso che gocciola (metodo del bicchiere); *Hornbeam* e *Olive*, secondo i casi, per favorire la ripresa generale.

Reumatiche, malattie

I fiori da sperimentare sono soprattutto *Pine*, *Rock Water* e *Willow*.

Sessuali, problemi

Aspen, *Mimulus* e *Rock Rose* per chi ha paura di lasciarsi andare all'atto sessuale; *Cherry Plum* per chi cerca di controllare le proprie pulsioni

e soffre di anorgasmia; *Crab Apple* contro la sensazione di sporcizia e la vergogna; *Hornbeam*, *Olive* e *Wild Rose* nel calo di desiderio sessuale dovuto a forme di stanchezza o apatia; *Impatiens* quando il problema è rappresentato dall'eiaculazione precoce; *Larch* nell'impotenza sessuale maschile; *Pine* nel caso di sensi di colpa e negazione del piacere; *Rock Water* per i caratteri troppo rigidi; *Star of Bethlehem* è utile a chi ha avuto sofferenze d'amore o ha subito abusi e violenze; *Water Violet* in persone frigide o eccessivamente distaccate; *White Chestnut* quando non si riesce a rilassarsi per i troppi pensieri.

Solitudine

Chicory quando ci si sente trascurati dai propri cari; *Heather* per chi non desta simpatia a causa di un'eccessiva richiesta di affetto e attenzione; *Impatiens* per chi non sopporta i ritmi altrui; *Larch* in persone insicure; *Mimulus* contro la timidezza; *Water Violet* per la solitudine legata all'orgoglio, oppure contro la tendenza all'isolamento volontario.

Sonnambulismo

I rimedi da considerare sono *Aspen* e *Cherry Plum*.

Stanchezza

Hornbeam nel caso di stanchezza mentale e desiderio di novità piacevoli; *Olive* nell'esaurimento totale; *Wild Rose* in soggetti apatici.

Stomaco

Aspen per chi sente tutti i malesseri; *Gentian* in caso di cattiva digestione e acidità di stomaco, spesso in abbinamento con *Holly*; *Scleranthus* per le alternanze fra disturbi di stomaco e altri sintomi; *Star of Bethlehem* se si sospetta che il problema dipenda da un trauma.

Strappi muscolari

Hornbeam come tonico dei muscoli; *Star of Bethlehem* per favorire il recupero, alternato a *Rescue Remedy*. Tutti e tre i rimedi anche in applicazione esterna.

Stress

Elm per chi si sente oppresso dalle responsabilità; *Hornbeam* per la stanchezza mentale; *Impatiens* in soggetti impulsivi, insofferenti ai ritmi altrui; *Oak* per chi ha un eccessivo senso del dovere; *Olive* per la stanchezza da superlavoro e l'esaurimento totale; *Rock Water* in caso di eccessiva rigidità caratteriale; *Vervain* per l'entusiasmo portato al fanatismo; *Vine* per gli ambiziosi e i dominatori; *White Chestnut* per chi ha preoccupazioni o pensieri ossessivi.

Svenimento

Clematis come rimedio principale, eventualmente alternato a *Rescue Remedy*.

Svezzamento

Nelle difficoltà dello svezzamento si somministra *Red Chestnut* sia al neonato sia alla madre.

Timidezza

Agrimony per la timidezza nascosta da falsa disinvoltura; *Centaury* per chi si sottomette facilmente; *Cerato* per chi è particolarmente influenzabile; *Mimulus* è il rimedio in generale più usato in tutti i casi di timidezza; *Larch* agisce contro la scarsa autostima.

Tremito

Aspen e *Cherry Plum* agiscono sul tremito a vari livelli (*Cherry Plum* anche nel morbo di Parkinson).

Tumore

Holly è il fiore da usarsi come coadiuvante in tutti i tipi di tumore; *Heather* sembra invece più adatto al tumore cerebrale.

Vergogna

Crab Apple per accettare se stessi e il proprio corpo; *Mimulus* quando si è timidi.

Vertigini

Scleranthus e *Rescue Remedy* da prendere separatamente.

Violenza, tendenza alla

Beech, *Cherry Plum* e *Holly* sono i fiori più indicati.

Vittimismo

Chicory per chi esprime un amore soffocante e si sente trascurato; *Willow* in soggetti ingrati, che si reputano sfortunati.

QUESTIONARIO DI FLORITERAPIA	
Nome e cognome .... Data	
Come reagisco emotivamente e psicologicamente alla mia situazione attuale? *Segnare massimo 5 risposte sul totale delle 38 domande*	
Con la paura?	
1. Panico totale, sento il sangue ghiacciarsi nelle vene, soffro di tachicardia.	*Rock Rose*
2. Ho paura di fatti o situazioni ben precise, per esempio cani, ascensori, persone, visita dentistica, ladri, e via dicendo.	*Mimulus*
3. Sono soggetto a una pressione enorme, non posso lasciarmi andare e ho paura di perdere la ragione.	*Cherry Plum*
4. Provo timori vaghi e indefinibili, avverto presagi.	*Aspen*
5. Mi angustio per le persone alle quali sono molto legato; temo che possa capitare loro qualche disgrazia.	*Red Chestnut*
Con l'insicurezza?	
6. Non ho fiducia nelle mie capacità di giudizio, non seguo il mio intuito e ho sempre bisogno di conferme e rassicurazioni da parte degli altri; amo informarmi sulle opinioni delle persone che stimo.	*Cerato*
7. Tentenno, spesso indeciso fra due possibilità che mi interessano nella stessa misura.	*Scleranthus*

8. Sono diventato scettico e pessimista in seguito alle delusioni subite; spesso mi scoraggio di fronte ai contrattempi e ai disguidi, provando una grande amarezza.	*Gentian*
9. Ho lottato a lungo per risolvere i miei problemi, ho tentato di tutto, ma senza successo; ora mi sento rassegnato, non spero più in nulla, ma dentro di me provo un sentimento di rabbia per il fatto che sono stato costretto ad arrendermi.	*Gorse*
10. Sento di non poter affrontare la vita quotidiana perché mi manca l'energia necessaria; vivo nel grigiore, nella monotonia, non sono gratificato emotivamente dalle mie attività giornaliere.	*Hornbeam*
11. Mi sento insoddisfatto perché non ho degli obiettivi chiari nella vita; ci sono molte cose che mi interessano, ma nessuna in particolare, quindi ne comincio sempre di nuove senza terminare le vecchie.	*Wild Oat*
Con l'apatia?	
12. Sono continuamente assorto nei miei pensieri, sogno ad occhi aperti, sono distratto e sbadato.	*Clematis*
13. Sono sempre rivolto con il pensiero al passato, provo nostalgia, mi rammarico per le occasioni perdute.	*Honeysuckle*
14. Sono rassegnato al destino e non mi aspetto niente dalla vita; mi sento privo di motivazioni, accetto passivamente lo scorrere delle giornate.	*Wild Rose*
15. Sono del tutto esausto, mentalmente e fisicamente: vorrei solo dormire per recuperare le mie energie.	*Olive*

16. I pensieri mi si affollano nella mente e non riesco a liberarmene; ripenso spesso ai fatti della giornata, alle frasi dette, alle situazioni vissute, e non riesco a rilassarmi.	*White Chestnut*
17. Sono assalito da una profonda tristezza senza causa apparente, che va e viene, a periodi, e quando cado in questi momenti di malinconia niente riesce a consolarmi.	*Mustard*
18. Non presto attenzione alle correlazioni che appaiono nella vita e imparo poco dalle esperienze passate; mi si ripresentano sempre gli stessi problemi, ricado continuamente nelle stesse situazioni.	*Chestnut Bud*
Con l'introversione e l'isolamento?	
19. Sono convinto di dover fare fronte alle difficoltà da solo, senza chiedere l'aiuto degli altri; mi piace coltivare la mia solitudine e non riesco ad abbandonarmi facilmente ai contatti interpersonali.	*Water Violet*
20. Ho un ritmo interiore tutto personale, tanto che mai niente va abbastanza in fretta per me; il tempo non mi basta mai.	*Impatiens*
21. Non sopporto la mia solitudine e avverto una forte esigenza di comunicare; ho bisogno di essere ascoltato, desidero parlare agli altri dei miei problemi o delle mie situazioni.	*Heather*
Con l'ipersensibilità e uno scarso senso del limite?	
22. Sono particolarmente sensibile a quel che potrebbe turbare l'armonia con le persone, quindi preferisco non mostrare le mie sofferenze interiori; spesso mi distraggo rifugiandomi negli svaghi.	*Agrimony*

23. Ho ben poca forza di volontà e faccio fatica a dire di no; sono troppo accondiscendente anche quando le mie idee divergono da quelle degli altri.	*Centaury*
24. Sto attraversando una fase di cambiamento mentale, fisico o relativo al mio stile di vita e quindi mi sento instabile, non riesco ad adattarmi alle novità.	*Walnut*
25. Mi irrito facilmente, sono incline a provare sentimenti di rabbia, diffidenza, gelosia, odio; penso che gli altri ce l'abbiano con me.	*Holly*
Con una gamma di emozioni che va dallo scoraggiamento all'incertezza?	
26. Nutro scarsa fiducia in me stesso e soffro di complessi di inferiorità; spesso non mi sento all'altezza delle situazioni, quindi non mi metto alla prova perché so che fallirei.	*Larch*
27. Provo un senso di colpa infondato e mi faccio troppi scrupoli.	*Pine*
28. Sono convinto di non essere all'altezza delle mie responsabilità; a volte penso che vorrei mollare tutto, abbandonare i miei impegni.	*Elm*
29. Non vedo più vie d'uscita e sono convinto di avere raggiunto il limite della capacità di sopportazione, ma non mostro agli altri questo mio stato angoscioso.	*Sweet Chestnut*
30. Risento ancora di avvenimenti sgradevoli, oppure non mi sono ancora ripreso da un'esperienza traumatica.	*Star of Bethlehem*

31. Sono amareggiato e pieno di rancore; mi lamento spesso perché mi sento ingiustamente maltrattato dal destino.	*Willow*
32. Lotto senza posa contro difficoltà di ogni genere, ma se ne ripresentano sempre di nuove; ho una grande dedizione al lavoro e alle mie attività, tanto che mi concedo difficilmente periodi di svago e riposo.	*Oak*
33. Sono convinto che ci sia qualcosa di impuro in me; coltivo un ideale di purezza, di perfezione, mi disgusta la sporcizia sia fisica che mentale.	*Crab Apple*
Con un atteggiamento arrogante ed esigente?	
34. Amo darmi da fare per dirigere la vita degli altri, soprattutto dei miei cari, e mi sforzo di agire per il loro bene; ma rimango deluso quando questa mia esigenza non viene riconosciuta.	*Chicory*
35. Abuso delle mie forze per eccesso di zelo, ma non riesco a smettere; mi piacerebbe che anche gli altri condividessero le mie idee e i miei interessi.	*Vervain*
36. Vorrei imporre la mia volontà, mi piacerebbe che gli altri rispettassero la mia autorità e seguissero le mie direttive.	*Vine*
37. Riconosco subito i lati negativi di una situazione, ma non riesco a sopportarli e reagisco criticando.	*Beech*
38. Pretendo molto da me stesso, sono severo nei miei confronti; vorrei essere di esempio per gli altri, e credo che in molte occasioni si debba essere rigidi.	*Rock Water*

L'ABBINAMENTO TRA OLI ESSENZIALI E FIORI DI BACH

Per rafforzare l'efficacia dei rimedi floreali si può ricorrere agli oli essenziali: ciascuno di essi è portatore di una frequenza specifica che, analogamente ai fiori, agisce sia a livello fisico che emotivo-mentale.

Gli oli essenziali non si utilizzano mai per bocca, ma per inalazione o attraverso il massaggio; è necessaria una certa cautela nel manipolarli, in quanto alcuni di essi possono essere irritanti e produrre reazioni allergiche. Sarà dunque opportuno consultare i manuali di aromaterapia per apprendere le nozioni di base.

Se utilizzate un fiore per un ciclo di terapia, provate ad abbinargli uno degli oli essenziali corrispondenti, cioè uno degli oli che lavora in sinergia con il fiore stesso.

Per fare ciò considerate due possibilità: l'inalazione secca dell'essenza aromatica e il massaggio mediante diluizione in olio vettore. L'inalazione secca si pratica versando su un fazzoletto di carta 2-3 gocce dell'olio scelto e annusando a più riprese per almeno 15-20 minuti (di solito 2 volte al giorno); per il massaggio si ricorre a un olio vegetale come quelli elencati a p. 29 nel paragrafo relativo al massaggio con i fiori (il più comune è l'olio di mandorle dolci). A un flaconcino da 30 ml di olio vettore si aggiungono 10-12 gocce di olio essenziale e con questa miscela si massaggiano zone estese del corpo, oppure solo alcuni punti sensibili come polsi, tempie, gola, plesso solare, ombelico, piante dei piedi. È bene attenersi a queste regole e non superare le proporzioni: anzi, nel caso di bambini, anziani o persone delicate si consiglia, almeno inizialmente, di dimezzare le dosi e la frequenza di somministrazione.

CORRISPONDENZE TRA FIORI E OLI ESSENZIALI

Agrimony: Abete rosso, Arancio dolce, Cipresso, Limone, Nardo, Salvia, Timo rosso.

Aspen: Camomilla romana, Cannella foglie, Cedro legno, Gelsomino, Geranio, Incenso, Vetiver.

Beech: Alloro, Benzoino, Incenso, Mandarino, Mirto, Pompelmo, Zenzero.

Centaury: Arancio amaro, Camomilla romana, Canfora, Eucalipto, Finocchio dolce, Geranio, Pompelmo.

Cerato: Abete rosso, Anice, Cannella foglie, Limone, Mirra, Niaouli, Verbena odorosa.

Cherry Plum: Arancio dolce, Benzoino, Elemi, Incenso, Maggiorana, Neroli, Rosa.

Chestnut Bud: Benzoino, Camomilla blu, Legno di Rosa, Maggiorana, Mandarino, Rosa, Ylang-Ylang.

Chicory: Finocchio dolce, Legno di Rosa, Melissa, Mirra, Neroli, Pompelmo, Rosa.

Clematis: Albero del Tè, Arancio amaro, Cedro legno, Incenso, Legno di Rosa, Maggiorana, Mandarino.

Crab Apple: Cedro legno, Elemi, Maggiorana, Menta piperita, Pino silvestre, Rosa, Timo rosso.

Elm: Abete rosso, Arancio dolce, Canfora, Limone, Rosa, Timo rosso, Zenzero.

Gentian: Anice, Arancio amaro, Camomilla romana, Elemi, Ginepro bacche, Nardo, Ylang-Ylang.

Gorse: Abete rosso, Anice, Bergamotto, Cipresso, Geranio, Lavanda, Limone.

Heather: Arancio amaro, Gelsomino, Maggiorana, Patchouli, Rosa, Sandalo legno, Zenzero.

Holly: Cannella foglie, Ginepro bacche, Incenso, Lavanda, Mirto, Patchouli, Salvia.

Honeysuckle: Basilico, Bergamotto, Camomilla blu, Cedro legno, Maggiorana, Mandarino, Neroli.

Hornbeam: Abete rosso, Arancio dolce, Cipresso, Eucalipto, Ginepro bacche, Timo rosso, Verbena odorosa.

Impatiens: Alloro, Arancio amaro, Elicriso, Garofano chiodi, Geranio, Ginepro bacche, Verbena odorosa.

Larch: Albero del Tè, Arancio amaro, Camomilla blu, Cipresso, Patchouli, Rosa, Salvia.

Mimulus: Alloro, Finocchio dolce, Limone, Maggiorana, Pompelmo, Rosa, Vetiver.

Mustard: Bergamotto, Cipresso, Gelsomino, Patchouli, Pompelmo, Verbena odorosa, Ylang-Ylang.

Oak: Arancio amaro, Camomilla romana, Cipresso, Eucalipto, Maggiorana, Melissa, Verbena odorosa.

Olive: Abete rosso, Arancio amaro, Cipresso, Menta piperita, Neroli, Patchouli, Rosmarino.

Pine: Canfora, Cannella foglie, Maggiorana, Mandarino, Mirra, Pompelmo, Verbena odorosa.

Red Chestnut: Anice, Basilico, Bergamotto, Garofano chiodi, Geranio, Niaouli, Ylang-Ylang.

Rock Rose: Benzoino, Melissa, Mirto, Neroli, Patchouli, Pompelmo, Salvia.

Rock Water: Anice, Elicriso, Eucalipto, Geranio, Incenso, Legno di Rosa, Mandarino.

Scleranthus: Albero del Tè, Cipresso, Elemi, Limone, Pino silvestre, Salvia, Timo rosso.

Star of Bethlehem: Abete rosso, Benzoino, Cipresso, Limone, Neroli, Verbena odorosa, Vetiver.

Sweet Chestnut: Elicriso, Eucalipto, Gelsomino, Nardo, Patchouli, Rosmarino, Timo rosso.

Vervain: Abete rosso, Arancio amaro, Cannella foglie, Finocchio dolce, Legno di Rosa, Maggiorana, Mirra.

Vine: Cannella foglie, Incenso, Mandarino, Nardo, Neroli, Pino silvestre, Timo rosso.

Walnut: Abete rosso, Anice, Camomilla romana, Eucalipto, Geranio, Limone, Melissa.

Water Violet: Arancio dolce, Cannella foglie, Cedro legno, Elemi, Geranio, Legno di Rosa, Niaouli.

White Chestnut: Anice, Arancio amaro, Bergamotto, Eucalipto, Ginepro bacche, Lavanda, Limone.

Wild Oat: Anice, Benzoino, Camomilla romana, Eucalipto, Maggiorana, Neroli, Niaouli.

Wild Rose: Benzoino, Cannella foglie, Incenso, Legno di Rosa, Mandarino, Melissa, Mirra.

Willow: Alloro, Bergamotto, Cannella foglie, Lavanda, Legno di Rosa, Mirto, Zenzero.

gli altri rimedi floreali

I fiori californiani

La prima integrazione al sistema dei fiori di Bach che sia stata realizzata: rimedi capaci di agire su squilibri più specifici, hanno un effetto forse meno profondo rispetto a quelli di Bach, ma anche più mirato.

I rimedi floreali californiani nascono per opera di Patricia Kaminski e Richard Katz, i quali nel 1979 fondarono la Flower Essence Society sulle pendici della Sierra Nevada in California. Le essenze californiane si rivolgono alla soluzione di molti disturbi propri dell'epoca contemporanea, come i problemi sessuali e dell'alimentazione, le frustrazioni dovute alle circostanze professionali, gli squilibri legati alla comunicazione e alle relazioni interpersonali. Riportiamo le principali essenze prodotte dalla FES, Flower Essence Services: oltre a queste ne sono disponibili altre, come si può vedere nei siti Internet http://www.fesflowers.com e http://www.flowersociety.org

Aloe Vera (*Aloe vera*)

Rimedio per stati di stanchezza, esaurimento psicofisico, mancanza di energia. Si rivolge anche a soggetti in crisi per eccesso di lavoro, o a chi ha abusato delle proprie forze e si sente spossato, non solo fisicamente ma anche emotivamente.

aloe vera

Alpine Lily (*Lilium parvum*)

Crisi dell'identità femminile: blocco nell'esprimere la femminilità, donne con inibizioni sessuali. Disturbi ginecologici, frigidità, rifiuto degli organi genitali femminili. Anche per gli uomini che hanno problemi con il proprio lato femminile.

Angelica
(*Angelica archangelica*)

Disorientamento, sensazione di essere abbandonati al proprio destino, mancanza di fiducia in se stessi. Necessità di mantenere la serenità d'animo in situazioni problematiche: il fiore induce calma e rilassamento.

Arnica (*Arnica mollis*)

Traumi di vario genere: shock emotivi (sia recenti che del passato), lesioni fisiche (favorisce la guarigione di fratture, ferite). Può essere utile per risolvere disturbi psicosomatici.

Basil (*Ocimum basilicum*)

Problemi sessuali di vario tipo. Induce un maggior equilibrio tra sessualità e spiritualità: adatto a chi ricerca spesso la soddisfazione sessuale al di fuori del rapporto di coppia e a chi è attratto dalla pornografia e dalle perversioni sessuali.

Black Cohosh
(*Cimicifuga racemosa*)

Tendenza a subire situazioni violente: aggressioni, furti, maltrattamenti. Per soggetti masochisti che evocano la parte peggiore degli altri, anche a causa di un'immagine di sé deteriorata. Dipendenza da partner aggressivi, problematici.

Black-Eyed Susan
(*Rudbeckia hirta*)

Incapacità di affrontare il lato oscuro della personalità, pulsioni represse, conflitti interiori. Aiuta a integrare i lati traumatici o dolorosi dell'io e spinge a prendere coscienza della parte più profonda di sé; utile per indagare l'inconscio.

Blackberry (*Rubus ursinus*)

Consente di acquisire maggior forza di volontà e induce a migliorare la propria autodeterminazione, in modo da saper concretizzare le aspirazioni e i desideri. Per coloro che non riescono a raggiungere gli obiettivi che si sono prefissi.

Bleeding Heart
(*Dicentra formosa*)

Riequilibra la possessività affettiva e la dipendenza emotiva. Si utilizza in caso di eccessivo attaccamento al partner, o quando si è incapaci di superare la rottura di una relazione sentimentale. Dona la capacità di amare in modo incondizionato.

Buttercup
(*Ranunculus occidentalis*)

Per la svalutazione di sé, l'insicurezza e i complessi d'inferiorità. Spinge ad accettarsi per ciò che si è, sia a livello fisico sia a livello emotivo e mentale, e a sviluppare le proprie qualità. Da tenere presente anche in persone disabili.

Calendula
(*Calendula officinalis*)

Indicato nei soggetti polemici, litigiosi, che usano parole taglienti. La calendula mitiga simili atteggiamenti e rende più ricettivi nella comunicazione, più moderati nello scambio con le altre persone.

California Pitcher Plant
(*Darlingtonia californica*)

Promuove l'integrazione delle pulsioni animali presenti nell'uomo, specialmente se sono senza controllo. Bilancia gli aspetti spirituali della personalità con le tendenze istintive. Adatto anche a soggetti apatici, anemici, poco incarnati.

California Poppy
(*Eschscholzia californica*)

Fanatismo in vari campi: ricerca di esperienze spirituali illusorie, oppure tendenza a lasciarsi abbagliare da rituali occulti, falsi maestri, pratiche magiche. Soggetti che fanno uso di droghe e allucinogeni allo scopo di evadere dalla realtà o per raggiungere particolari stati di coscienza.

Calla Lily
(*Zantedeschia aethiopica*)

Si rivolge ai problemi di identità sessuale: pulsioni omosessuali non riconosciute o non accettate, ambivalenza sessuale, desiderio di appartenere all'altro sesso. Crea chiarezza riguardo alla sessualità e alle proprie aspirazioni in tale settore.

Cayenne
(*Capsicum annuum*)

Dà una scossa agli indecisi, alle persone passive che si trascinano in situazioni stagnanti. Apporta determinazione, promuove il cambiamento, abbatte l'inerzia. Può essere indicato nel metabolismo lento, nella cellulite e nei disturbi circolatori.

Chamomile
(*Matricaria recutita*)

Agisce sull'irritabilità e la tendenza all'iperattività, ma si rivolge anche a problemi di stress emotivo, insonnia, agitazione, nervosismo. La parte più colpita dalle somatizzazioni è di solito lo stomaco.

Chaparral
(*Larrea tridentata*)

Rimedio di stati psichici anche gravi: stress e traumi emotivi, dissociazione della personalità, vita interiore caotica, estrema impressionabilità, incubi e allucinazioni. Drenante delle tossine psichiche utile a chi fa o ha fatto uso di droghe e psicofarmaci.

Chrysanthemum (*Chrysanthemum morifolium*)

Paura di invecchiare, timore della morte, attaccamento eccessivo alle cose materiali. Contro la crisi di mezza età, l'identificazione eccessiva con la giovinezza, la forte preoccupazione per il benessere finanziario.

Corn (*Zea mays*)

Claustrofobia, sensazioni di disorientamento negli ambienti ristretti o affollati, disagio di vivere nelle grandi città. È da tenere presente anche nel caso di insofferenza verso il luogo in cui si vive, oppure di avversione verso il proprio corpo.

Cosmos (*Cosmos bipinnatus*)

Problemi di comunicazione e disordini del linguaggio come la balbuzie; confusione mentale; difficoltà ad esprimere verbalmente le proprie percezioni interiori. Il rimedio coordina l'espressione verbale e migliora la comunicazione a vari livelli.

Dandelion (*Taraxacum officinale*)

Rilassante della tensione fisica ed emotiva dovute a un eccesso di attività pratica. Rigidità muscolare, dolori ai muscoli causati da problemi psichici; mancanza di flessibilità. Si può utilizzare in applicazione esterna sulla pelle, durante il massaggio.

Dill (*Anethum graveolens*)

Nervosismo, agitazione, attività mentale eccessiva, stress cronico. Congestione sensoriale e confusione mentale dovute a un eccesso di stimoli esterni, specialmente in soggetti che si assumono più impegni di quelli che possono soddisfare.

Dogwood (*Cornus nuttallii*)

Rigidità psicofisica, mancanza di coordinazione nei movimenti, man-

anethum graveolens

canza di disinvoltura negli atteggiamenti, sensazione di essere goffo e sgraziato. Traumi e violenze che hanno causato irrigidimento del corpo e durezza interiore.

Easter Lily (*Lilium longiflorum*)

Rimedio per problemi sessuali: tendenza a considerare la sessualità sporca e impura; astinenza o fruizione esasperata del sesso; attrazione per la pornografia, le perversioni sessuali e la promiscuità; disturbi agli organi genitali.

Echinacea (*Echinacea purpurea*)

Sensazione di degradazione fisica e psichica, di perdita della propria identità e dignità, ad esempio in chi vive in ambienti perturbati (ghetti urbani, carceri). Perdita del rispetto per se stessi, anche a causa di traumi subìti in passato. Malattie nervose e del sistema immunitario.

Fairy Lantern (*Calochortus albus*)

Rimedio dell'immaturità e della dipendenza emotiva: temperamento insicuro, desiderio di rimanere bambini (sindrome di "Peter Pan"), incapacità di assumersi le proprie responsabilità e di accettare la vita da adulti.

Filaree (*Erodium cicutarium*)

Esagerata preoccupazione per i piccoli problemi quotidiani, tendenza ad avere idee e pensieri ossessivi per cose di scarsa importanza. Visione ristretta dell'esistenza, bisogno di inquadrare gli eventi minori della vita in una prospettiva più ampia.

Fuchsia (*Fuchsia hybrida*)

Per indagare l'inconscio: favorisce il rilascio di rabbia, dolore o rifiuto sedimentati in profondità, che provocano sintomi psicosomatici e repressione delle emozioni. Per soggetti che nascondono traumi affettivi profondi.

Garlic (*Allium sativum*)

Indicato in persone caratterizzate da scarsa energia vitale, insicurezza, mancanza di forza di volontà, ansia latente e inquietudini di vario tipo su una base di debolezza caratteriale. Utile anche in chi mostra la tendenza ad assorbire le paure degli altri.

Golden Ear Drops (*Dicentra chrysantha*)

Incapacità di sfogare le proprie emozioni attraverso il pianto; soggetti che hanno soppresso i ricordi dolorosi del passato e soffrono di squilibri emotivi; amnesie di vario tipo; traumi dell'infanzia che disturbano la vita affettiva.

Golden Yarrow
(*Achillea filipendulina*)

Agisce come un protettore psichico, in particolare in coloro che si sentono vulnerabili nei rapporti interpersonali, negli artisti e nelle persone che devono esibirsi in pubblico. Difficoltà di instaurare relazioni sociali per paura di essere feriti; fragilità psichica; tendenza a vivere in disparte.

Goldenrod
(*Solidago californica*)

Soggetti influenzabili che non sanno opporsi alle pressioni dei familiari o di terzi in genere rispetto alle scelte di vita personali. Dipendenza dalle aspettative altrui, incapacità di comprendere se stessi; tendenza a fare propri i sogni e le aspirazioni degli altri.

Hibiscus
(*Hibiscus rosa-sinensis*)

Squilibri sessuali come impotenza e frigidità; mancanza di armonia nella sessualità, immagine negativa del sesso. Caduta di vitalità sessuale. Problemi sessuali dovuti a violenze o traumi subìti.

Hound's Tongue
(*Cynoglossum grande*)

Carenza di sensibilità, eccesso di razionalità, cinismo. Soggetti caratterizzati da una visione materialistica del mondo e dell'esistenza, i quali considerano la realtà solo sotto il profilo puramente scientifico e si mostrano freddi e ottusi.

Indian Paintbrush
(*Castilleja miniata*)

Per potenziare la creatività e l'ispirazione in vari campi: dall'arte alla scrittura, dall'artigianato alla grafica e alle forme espressive come la danza. Indicato in chi si sente bloccato e prova difficoltà nel sostenere lo sforzo del lavoro creativo.

Indian Pink
(*Silene californica*)

Aiuta a mantenere la calma e la concentrazione in situazioni caotiche, di stress o tensione. È indicato per chi si sente emotivamente instabile, nella vita eccessivamente movimentata o quando ci si assumono più impegni di quelli che si possono soddisfare.

Larkspur (*Delphinium nuttallianum*)

Soggetti affetti da autoritarismo, autoesaltazione e ambizione eccessiva, che si comportano in maniera dittatoriale. Per chi vive il ruolo direttivo o di leader secondo un malinteso senso del potere, sfoderando la propria volontà di dominio sugli altri.

Lavender (*Lavandula officinalis*)

Calma e conforta chi soffre di agitazione, insonnia, disturbi nervosi. Può essere di aiuto nel mal di testa e nella tensione avvertita nel collo e nelle spalle. Generalmente è adatto a soggetti che soffrono di irrequietezza causata da un'eccessiva stimolazione psichica.

lavandula officinalis

Lotus (*Nelumbo nucifera*)

Problemi connessi con la spiritualità in genere: spiritualità eccessiva o, all'opposto, eccessivo materialismo; disarmonie varie dovute a interessi spirituali carenti o a un atteggiamento orgoglioso riguardo alle proprie inclinazioni spirituali. Può servire inoltre per amplificare l'effetto di altri rimedi vibrazionali.

Madia (*Madia elegans*)

Persone distratte, che fanno fatica a concentrarsi e non riescono a focalizzare i propri obiettivi. Tendenza a iniziare molti progetti senza portarli a termine; disturbi vari dovuti al fatto di disperdere le proprie energie in mille direzioni.

Manzanita (*Arctostaphylos viscida*)

Importante rimedio contro il rifiuto del proprio corpo e delle sue esigenze, ma anche contro il disgusto per il mondo fisico e per gli aspetti materiali della vita. Indicato nei disordini dell'alimentazione (anoressia, bulimia) e nei problemi sessuali.

Mariposa Lily (*Calochortus leichtlinii*)

Maltrattamenti e abusi subìti nell'infanzia; rapporto conflittuale con la madre; blocchi psichici dovuti a traumi infantili. Per chi non si sente amato, per i soggetti privi di senso materno o che non sanno perdonare gli errori commessi dalla propria madre.

Morning Glory
(*Ipomoea purpurea*)

Armonizza la vita caotica, disordinata, che provoca alterazioni dei ritmi naturali del corpo. Adatto a soggetti che dormono di giorno e restano svegli di notte, a chi fa fatica ad alzarsi dal letto la mattina, contro l'uso eccessivo di stimolanti (caffè, tabacco) o il ricorso a medicinali e droghe.

Mountain Pennyroyal
(*Monardella odoratissima*)

Pessimismo, depressione, tendenza a fissarsi su pensieri negativi o ad assorbire le negatività provenienti da altre persone. Questo fiore purifica la mente, contrasta la contaminazione psichica causata da altre persone, placa il lavorìo mentale e rimuove le ossessioni.

Mountain Pride
(*Penstemon newberryi*)

Apporta coraggio e determinazione: come tale si rivolge a soggetti rassegnati, insicuri, timorosi, che hanno paura di affrontare le sfide della vita e si mostrano esitanti nel sostenere le proprie idee.

Mugwort
(*Artemisia douglasiana*)

Rimedio di varie turbe emotive che causano squilibri psicofisici: iperemotività, isteria, volubilità, cambiamenti continui dell'umore, fragilità psichica. Indicato anche per chi si sente sopraffatto dal flusso della propria attività mentale.

Mullein
(*Verbascum thapsus*)

Incapacità di ascoltare la voce interiore, tendenza alla menzogna, assenza di valori etici o indecisione rispetto alle scelte di carattere etico. Promuove la chiarezza interiore, corregge la confusione mentale, rende più forti e inclini alla moralità.

Nasturtium
(*Tropaeolum majus*)

Eccesso di lavoro intellettuale che causa esaurimento psicofisico, spossatezza, carenza di vitalità. Uso esagerato delle facoltà mentali; intellettuali che si mostrano aridi riguardo ai sentimenti; persone fredde ed emotivamente distaccate.

Nicotiana (*Nicotiana alata*)

Problemi di comunicazione con gli altri, spesso in relazione alla dipendenza dal tabacco. È un coadiuvante per smettere di fumare, ma si usa anche contro stress e tensioni, soprattutto in chi reprime i sentimenti e le vere aspirazioni.

Oregon Grape (*Berberis aquifolium*)

Paranoia con mania di persecuzione; visione negativa del mondo; paura degli altri, sensazione di essere minacciati dalla società. Atteggiamenti di ostilità e sfiducia in soggetti che erigono barriere interiori tra sé e gli altri.

Penstemon (*Penstemon davidsonii*)

È il fiore dell'autocommiserazione e della mancanza di coraggio. Adatto a coloro che si abbandonano alla disperazione e al pessimismo: persone sfiduciate, dalla volontà debole, che tendono ad arrendersi e si mostrano incapaci di affrontare le avversità.

Peppermint (*Mentha piperita*)

Soggetti distratti, affetti da difficoltà di concentrazione, torpore e confusione mentale. Disturbi del metabolismo che ripercuotono sull'attività intellettuale. Problemi di digestione.

Pink Monkeyflower (*Mimulus lewisii*)

Paure di vario tipo, anche sedimentate da tempo nell'inconscio: paura del contatto fisico con gli altri, timore di esporsi e di essere rifiutati, senso di colpa, vergogna. Soggetti solitari, ipersensibili e psichicamente fragili, che mascherano le loro emozioni.

Pink Yarrow (*Achillea millefolium var. rubra*)

Ipersensibilità e vulnerabilità a vari livelli, soprattutto in chi si lascia coinvolgere troppo dai problemi altrui e non riesce a mettere la giusta distanza tra sé e le altre persone. Può giovare anche ai terapeuti.

Poison Oak
(*Rhus diversiloba*)

Atteggiamento difensivo, irritabilità e diffidenza che nascondono la paura di allacciare rapporti interpersonali profondi. Rifiuto dell'intimità fisica per paura della sopraffazione o dell'invasione altrui; uomini che temono di avere rapporti (anche sessuali) con le donne.

Pomegranate
(*Punica granatum*)

Per rimuovere i blocchi relativi alla creatività e alla femminilità. Problemi sessuali dovuti allo stress, sterilità psicogena, disturbi psicosomatici. Utile nel caso di conflitti tra maternità e carriera, per mogli e madri che vogliono realizzarsi nel lavoro.

Pretty Face
(*Triteleia ixioides*)

Per chi rifiuta il proprio aspetto fisico, oppure si preoccupa eccessivamente dell'esteriorità. Insicurezza dovuta a mancata accettazione di sé; paura di invecchiare; sensazione di essere rifiutati dagli altri.

Purple Monkeyflower
(*Mimulus kelloggii*)

Attenua la paura dell'occulto o delle esperienze spirituali: rimedio appropriato in persone superstiziose, bigotte, "timorose di Dio", che temono di essere punite se si allontanano dalle convenzioni religiose della famiglia o della società.

Quaking Grass
(*Briza maxima*)

Per acquisire armonia e volontà di collaborazione nelle situazioni di gruppo. Contro l'individualismo eccessivo e l'incapacità di ascoltare le opinioni altrui: promuove l'integrazione della propria individualità con la società, la famiglia, l'ambiente di lavoro.

Queen Anne's Lace
(*Daucus carota*)

Amplifica la vista interiore, cioè la percezione psichica di sé e del mondo. Per chi, essendo carente di intuito e sensibilità, non sa andare al di là delle apparenze o ha una visione grossolana della realtà. Può essere di aiuto nei disturbi degli occhi e della vista.

Rabbitbrush
(*Chrysothamnus nauseosus*)

Difficoltà nel coordinamento di attività diverse, incapacità di mantenere una visione d'insieme delle situazioni. Permette di affrontare più situazioni o eventi contemporaneamente senza perdersi nei dettagli.

Red Clover (*Trifolium pratense*)

Ansia e angoscia per gli eventi negativi che investono la società, o per ciò che capita nell'ambiente più prossimo. Corregge l'ipersensibilità ed è utile anche come rimedio di emergenza per situazioni di panico e di isteria collettivi (terremoti, incendi, catastrofi ambientali).

Rosemary (*Rosmarinus officinalis*)

Rimedio per persone dall'aspetto etereo, poco incarnato: soggetti introversi, pallidi, delicati, carenti di vitalità. Rifiuto del corpo fisico, solitudine, disorientamento, freddezza affettiva, tendenza alla dimenticanza e all'oblio.

rosmarinus officinalis

Sage (*Salvia officinalis*)

Per coloro che si sentono vittime di un destino avverso e giudicano la propria vita come una serie di esperienze negative immeritate. Aiuta a comprendere e accettare la propria vita e le situazioni passate.

Sagebrush (*Artemisia tridentata*)

Attaccamento eccessivo al denaro, al successo, ai beni materiali: corregge l'identificazione di sé con i possessi materiali e insegna a discernere tra l'essenziale e il superfluo, in modo da dare più importanza ai valori spirituali e morali.

Saguaro (*Carnegiea gigantea*)

Indicato per chi rifugge il passato e le proprie origini, oppure quando ci si sente estraniati dalle esperienze vissute. Rifiuto delle tradizioni, dei genitori, degli amici, del luogo di nascita; ribellione all'autorità o a ciò che è antico e sacro.

Saint John's Wort (*Hypericum perforatum*)

L'iperico è antidepressivo, soprattutto nel caso delle malinconie stagionali dovute alla riduzione delle ore di luce. Giova in molti squilibri psichici: inquietudini e paure di vario genere, allucinazioni, timore del buio, disturbi del sonno, incubi.

Scarlet Monkeyflower (*Mimulus cardinalis*)

Paura di perdere il controllo di sé e di compiere atti inconsulti; tendenza a reprimere emozioni come odio, gelosia, aggressività. Timore di confrontarsi con il proprio inconscio, che alla lunga può causare esplosioni improvvise di collera o violenza.

Self-Heal (*Prunella vulgaris*)

Favorisce l'autoguarigione su vari piani e può essere usato in combinazione con altri rimedi vibrazionali. Adatto a chi si crogiola nella malattia o dipende dall'aiuto esterno per superare un problema: insegna ad accettare la sofferenza senza scoraggiarsi.

Sticky Monkeyflower (*Mimulus aurantiacus*)

Per armonizzare la sessualità, specialmente quando vi sono inibizioni e paure. Soggetti che reprimono l'istinto sessuale, persone timide che temono i contatti intimi e si sentono in imbarazzo a parlare del sesso; frigidità, impotenza.

Sunflower (*Helianthus annuus*)

Armonizza i temperamenti arroganti e presuntuosi ma anche coloro che si sottovalutano e si sentono insicuri. Squilibri relativi all'autostima e problemi con la componente maschile della personalità. Adatto a chi ha un rapporto difficile con il padre.

Sweet Pea (*Lathyrus latifolius*)

Sensazioni di estraneità rispetto all'ambiente di lavoro, alla famiglia, alla società. Incapacità di integrarsi nella comunità, tendenza a rifuggire dall'impegno sociale. Difficoltà di adattarsi a uno stile di vita, problemi nei rapporti interpersonali.

Tansy (*Tanacetum vulgare*)

Pigrizia, indecisione e mancanza di autodeterminazione. Ideale per chi rimanda sempre le scelte e le azioni e non sa sfruttare le proprie potenzialità. Tendenza a rifugiarsi nel sonno e nell'apatia con l'intento di fuggire dai problemi.

Tiger Lily (*Lilium humboldtii*)

Egocentrismo, aggressività, atteggiamento autoritario. Eccesso di ambizione e di spirito di competizione; tendenza a manipolare gli altri, desiderio smodato di potere. Donne mascoline, oppure in menopausa, soggette a squilibri ormonali.

Trumpet Vine (*Campsis tagliabuana*)

Disturbi del linguaggio: balbuzie, difficoltà a parlare in pubblico, mancanza d'intensità e chiarezza nell'espressione verbale. Forte emotività che blocca la capacità di esprimersi; tono di voce molto basso.

Yarrow (*Achillea millefolium*)

Estrema vulnerabilità emotiva; apertura di carattere e sensibilità, ma tendenza a risentire delle influenze negative degli altri e dell'ambiente. Protegge dalle perturbazioni esterne (anche dall'inquinamento ambientale e dalle energie negative delle persone).

Yarrow Environmental Solution

Rimedio composto dalle essenze floreali di *Arnica*, *Echinacea*, *Golden Yarrow*, *Pink Yarrow* e *Yarrow*, unite alle tinture madri di *Achillea millefolium* ed *Echinacea purpurea*, in una base di acqua marina. Contro la degenerazione provocata dalle radiazioni nucleari (anche nel caso di radioterapia e cobaltoterapia) e dai campi elettromagnetici (computer e altre apparecchiature), e in ogni caso di logoramento delle energie vitali per esposizione a fonti di tossicità.

Yellow Star Tulip (*Calochortus monophyllus*)

Ipersensibilità alle sofferenze altrui: può essere utile ai terapeuti per evitare di lasciarsi coinvolgere dalle sofferenze dei loro pazienti. Dona la consapevolezza della propria attività di aiuto nei confronti di chi soffre e sviluppa l'empatia.

Yerba Santa (*Eriodictyon californicum*)

Senso di oppressione al petto e disturbi respiratori legati a forme depressive; dolore, tristezza, malinconia innescate dal soffocamento delle emozioni. Il rimedio aiuta a lasciare fluire le emozioni e a risolvere problemi di comunicazione.

Zinnia (*Zinnia elegans*)

Per acquisire giocosità, allegria e serenità. Si rivolge a persone caratterizzate da umore cupo, serietà eccessiva, esagerata concentrazione sul lavoro. Aiuta a riconoscere il valore della risata, alleggerisce le tensioni, rende più scherzosi e disponibili.

I FIORI DIFFERENTI DA QUELLI DI BACH E LE MISCELE

In tutto il mondo la ricerca sui rimedi floreali ed energetici prosegue da molti anni, così che oggi sono disponibili più di 1000 fiori di vario tipo, capaci di agire su numerosi disturbi, oltre a essenze vibrazionali ricavate da gemme e cristalli, da energie ambientali (nella gamma dei rimedi alaskani), da acque particolari (ad esempio le acque dei santuari mariani, come Lourdes) e da animali selvatici.
Queste ultime, le Wild Earth Animal Essences, sono prodotte senza prelevare alcuna parte dell'animale interessato, ma effettuando sulla ciotola di acqua meditazioni e rituali relativi all'energia dell'animale (http://www.animalessence.com). L'acqua è infatti in grado di memorizzare qualunque informazione con la quale entra in contatto, quindi anche il pensiero e l'intenzione dell'uomo possono influenzarla.
I rimedi floreali sono di solito ricavati secondo i metodi di Bach, anche quando si tratta di piante particolari come le orchidee. Fanno eccezione le PHI Essences di Andreas Korte, preparate attraverso l'utilizzo di cristalli di quarzo che convogliano nell'acqua la vibrazione del fiore senza che la pianta venga recisa o danneggiata in alcun modo (http://www.kortephi.com).
Per quanto riguarda la possibilità di miscelare insieme rimedi floreali diversi (come fiori di Bach e fiori californiani, francesi e così via), oppure fiori e altri tipi di essenze, bisogna dire che è necessario fare molta attenzione. Non sempre si creano ottime sinergie, anzi, può succedere che la vibrazione di un fiore presente nella miscela annulli il potenziale degli altri fiori, oppure può essere che la persona abbia necessità di assumere un rimedio da solo, senza che questo venga miscelato con altri.
Non sempre si possono miscelare tranquillamente 2-5 fiori in un flaconcino: si deve sempre valutare caso per caso se la miscela che viene a crearsi sarà efficace. Se non si è in grado di avvalersi di modalità come il test kinesiologico e la radiestesia si dovrà attingere a doti di sensibilità e intuizione, tenendo presente che spesso è meglio miscelare solo essenze complementari, cioè che trattano lo stesso tipo di problema da varie angolazioni, e preferibilmente solo fiori della stessa gamma di produzione (fiori di Bach da soli, fiori californiani tra di loro ma non insieme a quelli di Bach, e via dicendo).
Se non si è sicuri conviene sempre procedere per gradi e rimandare a un ciclo terapeutico successivo la somministrazione degli altri rimedi che appaiono appropriati: molto spesso è anche buona norma utilizzare un solo fiore per volta, oppure più fiori nella stessa giornata ma presi singolarmente.

Alcuni flaconcini delle Wild Earth Animal Essences.

I fiori francesi

Si tratta di essenze incisive e interessanti, anche perché alcune esplicano un'azione diretta sul corpo fisico. Molte di esse si rivolgono a disturbi particolari che non vengono trattati dai fiori proposti da altri produttori.

Nel 1986 venne istituito in Francia, ad Autrans, una località delle Alpi francesi all'interno del Parco Naturale di Vercors, il Laboratoire Deva, con lo scopo di studiare e produrre vari rimedi floreali, sia quelli di Bach sia altri. Philippe Deroide, insieme ad alcuni collaboratori, fu il fondatore di questo centro di ricerca e produzione, che oggi offre una vasta gamma di essenze floreali: alcune di esse sono davvero preziose per molteplici squilibri, soprattutto quelli femminili oppure quelli che creano ripercussioni sul fisico. Presentiamo qui una selezione di rimedi, ma ne esistono molti altri. Il sito Internet è http://www.lab-deva.com

Amandier
(*Prunus amygdalus*)

Timore di invecchiare, contrarietà per i segni del tempo: aiuta ad accettare l'invecchiamento, a superare l'apparenza fisica. Apporta dinamicità al corpo eterico e fortifica il fisico. Anche per bambini timorosi di crescere.

Aubépine
(*Crataegus oxyacantha*)

Necessità di liberarsi da legami emotivi. Calma i dispiaceri e il dolore causato dalla separazione da persone care: è consigliato nelle pene d'amore e nello stress emotivo relativo a un rapporto sentimentale.

Bouton d'Or
(*Ranunculus acris*)

Sottovalutazione di sé, dubbi riguardo alle proprie capacità. Ridona l'apertura e la fiducia ai timidi, alle persone riservate. Aiuta a comprendere e valorizzare le proprie qualità.

Buis (*Buxus sempervirens*)
Infonde forza di volontà, tenacia e coraggio alle persone timide, deboli, facilmente dominate dal prossimo. Rafforza la personalità contro ogni influenza esterna, libera dai condizionamenti e aiuta a raggiungere gli obiettivi.

Citronnier (*Citrus limonum*)
Stimola l'intelletto, schiarisce la mente, permette di coordinare i pensieri contro le interferenze emotive. Utile in caso di scarsa energia, come tonico psicofisico. Poiché favorisce il ragionamento analitico è raccomandato a chi studia o svolge attività mentali.

Cognassier (*Cydonia oblonga*)
Rimedio adatto alle donne: favorisce lo sviluppo equilibrato della femminilità. Aiuta a bilanciare l'impegno professionale con la vita familiare. Utile nell'educazione dei figli e quando si devono conciliare due estremi, ad esempio la disciplina con la libertà di azione.

Consoude (*Symphytum officinale*)
Rilassante delle tensioni e tonico del sistema nervoso, potenzia la memoria. Migliora i processi fisiologici e i riflessi, pertanto è consigliato a chi fa sport e nelle discipline come meditazione, yoga, tecniche di rilassamento.

Courgette (*Cucurbita pepo*)
Equilibra le emozioni ed elimina le tensioni psichiche durante la gravidanza. Accresce la creatività, specialmente quando questa viene repressa per conflitti con l'ambiente circostante. Adatto a uomini e donne contro collera e frustrazione.

Épicéa (*Picea abies*)
Apporta rettitudine e onestà, stimola la grazia e l'armonia. Adatto a chi non vuole rimettersi in gioco dopo insuccessi. Ammorbidisce la tendenza alla disciplina sviluppando atteggiamenti meno severi. Può giovare per i disturbi della schiena.

Épilobe (*Epilobium angustifolium*)
Catalizzatore di trasformazione che brucia le vecchie situazioni e le esperienze passate da superare. Facilita l'abbandono di vecchie abitudini, comportamenti e atteggiamenti non più necessari. Libera da stress, tensioni e dolori fisici causati da traumi passati.

Euphraise (*Euphrasia officinale*)

Per soggetti poco attenti, caratterizzati da scarso interesse per l'ambiente circostante e per le altre persone. Agisce sulla vista a livello sottile, migliorando la sensibilità e la percezione. Aiuta il terapeuta nell'analisi del paziente e può servire per alcuni disturbi oculari.

Figuier (*Ficus carica*)

Per affrontare la complessità della vita con calma e fiducia, aumentando l'autocontrollo. Utile nei conflitti interpersonali. Rimuove blocchi e paure nascoste; favorisce la chiarezza mentale, la memoria e la sicurezza.

Lilas (*Syringa vulgaris*)

Armonizza la circolazione energetica del dorso, della schiena e della colonna vertebrale, anche in presenza di dolori vari (torcicollo, mal di schiena). Aumenta la flessibilità psicofisica, corregge la postura, rilassa la muscolatura. Utile per chi è sopraffatto da impegni, stress o dispiaceri somatizzati a livello del dorso.

Lis Martagon (*Lilium martagon*)

Adatto a persone autoritarie, aggressive, che vogliono dominare gli altri. Facilita i rapporti interpersonali, la cooperazione, la solidarietà. Utile nel lavoro di gruppo. Consigliato alle donne con timori relativi alla sessualità.

Mauve (*Malva sylvestris*)

Per accettare i processi di trasformazione a cui andiamo incontro nella vita. Elimina la paura di invecchiare, aiuta le persone timide o a disagio a superare l'insicurezza, sviluppa doti di cordialità e fiducia.

Menthe Pouliot (*Mentha pulegium*)

Essenza indicata per chi si sente turbato da pensieri negativi di altri. Protegge e sostiene chi si lascia facilmente condizionare, attenua la confusione mentale.

Oignon (*Allium cepa*)

Utile in psicoterapia per facilitare il rilascio delle emozioni rimosse e stimolare i processi di introspezione. Consigliato anche a chi ha subito traumi, violenze o abusi sessuali.

Ortie (*Urtica dioica*)

In caso di rottura familiare o di problemi analoghi questa essenza allevia lo stress emotivo, riportando calma e coraggio. Rende più disponibili a risolvere i conflitti familiari. Sul piano fisico è indicata contro irritazioni e infiammazioni di origine nervosa.

Pâquerette (*Bellis perennis*)

Per chi deve organizzare un'attività o pianificare un progetto, poiché aiuta la mente a sintetizzare e integrare in una prospettiva unitaria le informazioni che provengono da più sorgenti.

Passiflore (*Passiflora incarnata*)

Libera dalle tensioni psichiche, elimina la confusione emotiva, inclina a considerare gli eventi della vita con calma e serenità. Accompagna verso livelli superiori di coscienza.

Pastèque (*Citrullus vulgaris*)

Rafforza l'armonia nella coppia che desidera avere un bambino. Aiuta a sviluppare atteggiamenti e stati d'animo corretti e armoniosi prima, durante e dopo il concepimento. Elimina lo stress emotivo dovuto alla gravidanza.

Rhododendron (*Rhododendron ferrugineum*)

Dona conforto e calore ai soggetti tristi, scoraggiati, o a chi si trova in un ambiente austero e difficile. Permette di liberare le emozioni represse che pesano sull'apparato respiratorio, soprattutto nella zona toracica.

passiflora incarnata

Tilleul (*Tilia platyphyllos*)

Inclina all'amore e alla ricettività; rafforza la relazione tra madre e figlio; promuove la comunicazione, il rispetto e la cordialità; genera senso di protezione, calore e dolcezza. Indicato per chi prova sentimenti di abbandono e solitudine.

Valériane (*Valeriana officinalis*)

Utile contro lo stress, l'irritazione nervosa, l'insonnia. Armonizza il sistema nervoso e placa l'agitazione, soprattutto in persone stanche, esaurite, con i nervi a fior di pelle.

I fiori australiani del Bush

In Australia sono prodotte anche le Living Essences of Australia: qui abbiamo scelto di trattare quelle del Bush perché sono più diffuse in Italia e hanno indicazioni più pratiche, cioè affrontano disarmonie più comuni.

Le Australian Bush Flower Essences si devono a Ian White, un naturopata australiano il quale decise di sperimentare le proprietà dei fiori selvatici del Bush australiano, cioè la macchia che si estende nelle regioni interne del continente. Questi rimedi sono apparsi sul mercato internazionale ormai da alcuni anni, e cominciano a essere conosciuti e apprezzati anche in Italia.

Il loro potenziale terapeutico è molto interessante, poiché si tratta di fiori particolari che crescono solo in Australia. Presentiamo una trentina di essenze, per le altre si rimanda a: http://www.ausflowers.com.au

Bauhinia
(*Lysipyillum cunninghamii*)

Per favorire i cambiamenti necessari, quando si risente di riluttanza, rigidità e resistenza alle trasformazioni. Sviluppa l'apertura mentale e promuove l'accettazione delle nuove situazioni.

Billy Goat Plum
(*Planchonia careya*)

Contro l'avversione al contatto fisico e sessuale. Tendenza a vergognarsi, a considerare la sessualità sporca. Inclina ad accettare il proprio corpo e quello degli altri, favorisce il piacere sessuale.

Black-Eyed Susan
(*Tetratheca ericifolia*)

Per persone impazienti, piene di impegni, che sono sempre di fretta. L'essenza permette di rallentare i ritmi troppo accelerati, dona pace interiore, induce un maggiore equilibrio nelle attività quotidiane.

Bluebell
(*Wahlenbergia species*)
Chiusura del cuore, rigidità, avarizia, paura di non avere abbastanza, desiderio di tenere tutto sotto controllo. Permette di sviluppare gioia, amore incondizionato e fiducia nell'abbondanza a tutti i livelli.

Boab (*Adansonia gregorii*)
Per coloro che si trovano prigionieri di modelli familiari negativi, emotivi e mentali, che si trasmettono di generazione in generazione. Promuove grandi cambiamenti interiori ed elimina i blocchi karmici, anche in chi ha subito abusi e pregiudizi.

Boronia (*Boronia ledifolia*)
Un fiore contro le ossessioni di vario tipo: per aumentare la chiarezza mentale, cancellare le idee fisse e migliorare la concentrazione. Adatto anche alle rotture di relazioni sentimentali e per favorire la creatività.

Bottlebrush
(*Callistemon linearis*)
Aiuta ad attraversare importanti cambiamenti esistenziali di qualunque tipo, a livello sia fisico che emotivo. Spazza via il passato, taglia i vecchi legami e permette di andare avanti con rinnovato entusiasmo.

Bush Gardenia
(*Gardenia megasperma*)
Induce a rinnovare la passione nei rapporti, pertanto è utile a coppie, famiglie o gruppi i cui membri si stanno separando o allontanando. Migliora la comunicazione e ripristina l'interesse per il partner.

Dagger Hakea
(*Hakea teretifolia*)
Per coloro che provano amarezza e risentimento verso i familiari, gli amici, gli amanti. Stimola il perdono e cancella la sensazione di aver subito dei torti.

Five Corners
(*Styphelia triflora*)
Scarsa autostima, avversione per se stessi, tendenza a vestirsi in maniera scialba e a non prendersi cura del proprio corpo. Induce amore di sé e celebrazione della propria bellezza interiore ed esteriore.

Flannel Flower
(*Actinotus helianthi*)
Disagio per l'intimità, senso di repulsione a essere toccati dagli altri. Mancanza di sensibilità, soprattutto

negli uomini. Per sviluppare dolcezza e sensibilità nel contatto fisico.

Fringed Violet
(*Thysanotus tuberosus*)
Per intervenire sui danni dell'aura, specialmente in caso di traumi, preoccupazioni, violenze e abusi subìti. Agisce come un protettore psichico, quindi è utile anche a chi lavora in area psicologica.

Green Spider Orchid
(*Caladenia dilatata*)
Sviluppa l'intuizione e la sensibilità: può essere indicato per soggetti che trasmettono insegnamenti spirituali. Inoltre può liberare da incubi, terrori e fobie derivanti da vite precedenti.

Grey Spider Flower
(*Grevillea buxifolia*)
Essenza indicata in caso di terrore estremo, paura di attacchi soprannaturali o psichici, incubi, panico. Riporta calma, fiducia e coraggio.

Gymea Lily
(*Doryanthes excelsa*)
Essenza per armonizzare i soggetti arroganti, dalla personalità prevaricatrice, che desiderano catturare l'attenzione. Attenua il desiderio di ottenere prestigio e buona posizione sociale, rende umili e disponibili, promuove atteggiamenti affettuosi e disinteressati.

Kangaroo Paw
(*Anigozanthos manglesii*)
Giova alla persone goffe, ingenue, che non si sentono a loro agio in società. Incapacità di agire correttamente con gli altri, atteggiamento maldestro. Induce savoir-faire, cortesia, rilassamento.

Kapok Bush
(*Cochlospermum fraseri*)
Apatia, rassegnazione e scoraggiamento: per soggetti carenti di tenacia, che si arrendono senza combattere. Può servire anche per comprendere meglio una situazione o il funzionamento di qualcosa.

Mountain Devil
(*Lambertia formosa*)
Astio, collera, rancore, atteggiamento sospettoso. Aiuta a sviluppare accettazione degli altri e amore incondizionato. Facilita il perdono.

Peach-Flowered Tea-Tree
(*Leptospermum squarrosum*)
Contro gli sbalzi d'umore, l'ipocondria e la facilità ad annoiarsi.

Dona stabilità, capacità di portare a termine i progetti; spinge ad assumersi le giuste responsabilità riguardo alla propria salute.

Philotheca
(*Philotheca salsolifolia*)
Aiuta ad accettare il riconoscimento, l'amore e gli elogi da parte degli altri per le proprie azioni. Si rivolge a persone eccessivamente generose, disponibili e timide, che sanno ascoltare gli altri ma hanno difficoltà a parlare dei propri progetti e successi.

Red Helmet Orchid
(*Corybas dilatatus*)
Problemi irrisolti con la figura paterna, egoismo, spirito di ribellione nei confronti dell'autorità (ad esempio verso un direttore, la polizia, la legge). Consente di sviluppare rispetto e considerazione per gli altri; è di aiuto nel rafforzare i legami maschili, ad esempio tra un padre e i suoi figli.

Slender Rice Flower
(*Pimelea linifolia*)
Si tratta di un'essenza per le persone razziste, dalla mentalità ristretta, che coltivano pregiudizi nei confronti degli altri. Facilita l'armonia di gruppo e la cooperazione, inclina all'umiltà e al riconoscimento delle qualità altrui.

Southern Cross
(*Xanthosia rotundifolia*)
Tendenza al vittimismo, a lamentarsi del proprio destino, a credere che la vita sia stata ingiusta. Promuove l'assunzione di responsabilità, cancella l'amarezza e stimola l'insorgere di pensieri positivi.

Spinifex (*Triodia species*)
Per coloro che hanno la sensazione di essere vittima di una malattia e di non riuscire a guarire, specialmente in presenza di sintomi continui e ricorrenti. Dona la comprensione emotiva della malattia e favorisce la guarigione.

Sturt Desert Rose
(*Gossypium sturtianum*)
Sensi di colpa, scarsa autostima, incapacità di portare avanti le proprie convinzioni. Dona coraggio e determinazione, attenua l'insicurezza.

Sundew
(*Drosera spathulata*)
Persone affette da vaghezza e incoerenza, che tendono a sognare a occhi aperti, si distraggono facil-

mente o fanno uso di droghe. Radica nel presente, rende più concentrati e attenti ai dettagli.

Sunshine Wattle
(*Acacia terminalis*)

Per soggetti bloccati nel passato, specialmente se hanno avuto trascorsi difficili che pesano ancora sul presente. Visione negativa della vita, tendenza ad aspettarsi solo delusioni. Il rimedio cancella il peso del passato e promuove l'ottimismo.

Waratah
(*Telopea speciosissima*)

Contro la disperazione estrema, soprattutto in soggetti che stanno attraversando una crisi profonda alla quale non sanno reagire. Indicato per ripristinare coraggio e fede.

Wedding Bush
(*Ricinocarpus pinifolius*)

Un fiore adatto a coloro che hanno difficoltà a coinvolgersi nei rapporti interpersonali, di qualunque tipo essi siano. Persone che passano da una relazione all'altra, oppure che risentono di un calo dell'attrazione iniziale per il partner.

Yellow Cowslip Orchid
(*Caladenia flava*)

Tendenza a essere ipercritici, a ricercare il pelo nell'uovo, a dare continuamente giudizi. Per individui eccessivamente mentali.

I fiori indiani

La grande spiritualità dell'India si ritrova nelle qualità armonizzanti dei suoi fiori. Molti di questi rimedi lavorano su livelli spirituali e correggono perturbazioni sottili, ma ve ne sono anche alcuni dedicati a problemi quotidiani.

Le AUM Himalaya Sanjeevini Essences sono opera dei coniugi Rupa e Atul Shah, entrambi medici interessati alle terapie non convenzionali. Questi rimedi, di cui molti ricavati da fiori secondo il metodo di Bach, vengono prodotti in India, a Bombay.
Ecco una scelta delle essenze floreali più interessanti: per approfondimenti si consiglia di consultare il sito web http://www.aumhimalaya.com

Ashoka (*Saraca indica*)
Per coloro che hanno sofferto di traumi profondi (come perdite, lutti, fallimenti) e risentono di grande tristezza, isolamento e disarmonia.

Butterfly Lily (*Hedychium coronarium koenig*)
Tendenza a esercitare un forte potere sugli altri, in maniera malvagia o comunque negativa. Insegna a provare rimorso per le proprie azioni e a fare ammenda.

Cannon Ball (*Courouptia guianensis*)
Indicato nelle donne contro la frigidità e l'incapacità di generare figli. Rimuove le paure profonde legate alla sessualità.

Christ's Thorn (*Euphorbia milli*)
Soggetti in un costante stato di subbuglio interiore senza ovvie ragioni. Risolve i conflitti e le negatività di cui non si ha coscienza.

Curry Leaf (*Murraya koenigi spreng*)
Tensione mentale che causa disturbi di stomaco (ulcere, iperacidità); problemi digestivi dovuti a un'alimentazione sbagliata. Apporta ri-

lassamento e coscienza del proprio stile di vita.

Drumstick (*Moringa oleifera*)

Amarezza, risentimento e altre emozioni negative risentite soprattutto a livello di bronchi e polmoni. Coadiuvante per smettere di fumare e nelle bronchiti.

Malabar Nut (*Adhatoda vasica nees*)

Per coloro che si sentono superiori a causa della loro nazionalità o classe sociale. Attenua i pregiudizi, lo snobismo e l'intolleranza.

Night Jasmine (*Jasmine arborescens*)

Potenziatore e armonizzatore della sessualità a vari livelli. Adatto a essere usato sia in cicli terapeutici contro i problemi sessuali sia prima dei rapporti per ottenere maggior soddisfazione.

portulaca grandiflora

Nilgiri Longy (*Crinium latifolium*)

Rimedio specifico per insegnanti e professionisti troppo rigidi ed esigenti con gli studenti o con i dipendenti e i collaboratori. Aiuta a rilassarsi e a essere più creativi.

Office (*Portulaca grandiflora*)

Contro lo stress nervoso e mentale indotto dalle moderne attività lavorative, soprattutto quando si passa troppo tempo in ufficio, davanti al computer.

Pagoda (*Plumeria alba*)

Per individui che trattano i partner sessuali come oggetti e intendono solo soddisfare i propri desideri. Insegna a comportarsi in maniera più affettuosa e attenta ai bisogni altrui.

Parrot Tree (*Butea monosperma*)

Aiuta chi deve parlare in pubblico, sviluppando eloquenza e sicurezza. Sincronizza la volontà, il pensiero e il discorso migliorando la pronuncia e l'enunciazione.

Peacock (*Poinciana pulcherrima*)

Per cancellare gli effetti di malattie lunghe e debilitanti o di sofferenze fisiche e mentali. Stimola i processi di riabilitazione. Adatto anche ai tossicodipendenti.

Radish (*Raphanus sativus*)

Per superare i lutti e le gravi perdite, quando si pensa di non farcela. Rafforza e riordina la mente, rende più oggettivi e reca conforto.

Spotted Gliciridia (*Gliciridia maculata*)

Rimedio adatto ai leader politici oppressivi, carenti di saggezza e compassione. Apporta illuminazione, comprensione e apertura di cuore.

Swallow Wart (*Calotropis gigantica*)

Stati di tormento e paura che provocano sonni disturbati, incubi, attacchi di panico e irrequietezza generale. Allevia le disarmonie profonde e restituisce coraggio e benessere.

Teakwood (*Tectona grandis*)

Stanchezza mentale, confusione, vaghezza, irrazionalità. Utile negli anziani, anche contro la demenza senile, poiché rivitalizza la mente e migliora l'attenzione e la concentrazione.

plumeria rubra

Temple (*Plumeria rubra*)

Insegna ad apprezzare la spiritualità e la religione, quindi si rivolge a soggetti atei o comunque disinteressati all'argomento.

Ukshi (*Calicopteris floribunda*)

Per donne anziane, un tempo belle e seducenti, che adesso si sentono rifiutate e depresse. Ridona gioia di vivere, aiuta a dissolvere risentimento, amarezza e isolamento.

Water Lily (*Nymphea alba*)

Potente tonico sessuale per chi è affetto da inibizioni rispetto all'intimità e alla sessualità. Accresce il piacere dei sensi.

I fiori alaskani

Le essenze alaskane si orientano in prevalenza su disarmonie spirituali profonde, non immediatamente riconoscibili: questi fiori, tipici di un habitat inospitale, riescono in molti casi a produrre risultati insperati.

L'Alaskan Flower Essence Project è una casa produttrice di rimedi vibrazionali fondata nel 1984 da Steve Johnson e Jane Bell. Propone numerosi rimedi floreali, suddivisi in tre kit, essenze di gemme e cristalli e le famose essenze ambientali: queste ultime non sono tratte da fiori, ma da energie che si sprigionano in particolari condizioni ambientali, catturate in ciotole piene di acqua. Ad esempio, *Northern Lights* viene preparata nelle ventose notti artiche, con temperature sotto lo zero, in presenza dello scintillio di luci del Nord; *Solstice Sun* si ricava con il sole di mezzanotte al solstizio d'estate.

Abbiamo scelto qui di trattare le principali essenze contenute nel kit 1: in totale i rimedi floreali alaskani sono più di 70. Il sito ufficiale permette di conoscerli tutti.
http://www.alaskanessences.com

Alder (*Alnus crispa*)

Favorisce la chiarezza delle percezioni e stimola il riconoscimento delle esperienze. Per comprendere meglio i significati profondi celati nelle varie situazioni e saper affrontare le sfide.

Balsam Poplar (*Populus balsamifera*)

Bilancia l'energia sessuale, annulla le tensioni emotive. Adatto a vari casi di: disfunzioni sessuali, traumi, abusi subìti, sterilità, cicli mestruali irregolari.

Black Spruce (*Picea mariana*)

Visione ristretta della vita, difficoltà a imparare dalle esperienze passate. Per riuscire a risolvere i problemi attingendo alle proprie conoscenze e all'eterna saggezza della natura.

Blue Elf Viola (*Viola sp.*)

Favorisce la chiara espressione delle emozioni, aiuta a comprendere meglio i problemi. Indicato in soggetti emotivamente repressi, caratterizzati da rabbia e frustrazione radicate in profondità.

Chiming Bells (*Mertensia paniculata*)

Mancanza di gioia, scoraggiamento, depressione. Soggetti che si sentono privi di orientamento o di sostegno. Per acquisire gioia, pace e stabilità a livello psicofisico.

Cotton Grass (*Eriophorum sp.*)

Ristabilisce l'equilibrio emotivo in seguito a traumi o ferite, spostando l'attenzione dal dolore alla guarigione. Incapacità di guarire completamente da vecchie ferite, anche psicologiche.

Foxglove (*Digitalis purpurea*)

Mancanza di flessibilità a livello mentale, tensione psicofisica nell'affrontare situazioni difficili, incapacità di andare al cuore del problema. Favorisce la visione reale delle questioni.

Forget-Me-Not (*Myosotis alpestris*)

Mancanza di rispetto per se stessi e per gli altri, difficoltà di avere rapporti con la gente. Paure inconsce, sensi di colpa che bloccano le relazioni interpersonali.

Golden Corydalis
(Corydalis aurea)

Incapacità di integrare le nuove esperienze, sensazione di caos interiore. Difficoltà di sfruttare le proprie capacità per ottenere ciò che si desidera. Favorisce la concentrazione spirituale e la ricostituzione della personalità.

Green Bells of Ireland
(Molucella laevis)

Visione della vita improntata a un eccesso di razionalità, con carenza di sentimenti. Debole collegamento fra il corpo, il cuore e la natura. Per aprire e armonizzare il cuore e la mente.

Icelandic Poppy
(Papaver icelandica)

Stimola la ricettività spirituale, rafforza la capacità di usare le proprie doti spirituali nella vita. Per soggetti chiusi in se stessi, caratterizzati da incertezze sulla propria identità.

Jacob's Ladder
(Polemonium pulcherrimum)

Tendenza al controllo emotivo e alla manipolazione degli eventi per soddisfare i propri bisogni e desideri. Per chi si sforza di prevedere tutte le possibili evenienze prima di intraprendere un'azione: apporta fiducia nel mondo spirituale.

Labrador Tea
(Ledum palustre)

Facilita l'integrazione tra i livelli fisico, emotivo e mentale. Squilibrio estremo in qualche settore di vita. Difficoltà di mantenere l'armonia psicofisica dopo un'esperienza traumatica o stressante.

Lady's Slipper
(Cypripedium guttatum)

Per rigenerare e ristabilire i flussi energetici nelle parti del corpo dove essi sono bloccati. Adatto a soggetti che effettuano resistenza alla guarigione.

Monkshood
(*Aconitum delphinifolium*)

Per chi si sente sopraffatto da un peso interiore e fa fatica a condividere le proprie emozioni con gli altri. Conflitti che ostacolano i rapporti interpersonali. Il fiore infonde coraggio e illumina i lati in ombra della personalità.

Paper Birch
(*Betula papyrifera*)

Rimedio indicato quando non si sa scegliere con sicurezza il proprio cammino e nelle difficoltà a prendere decisioni. Mancanza di determinazione nel raggiungere i propri obiettivi.

Prickly Wild Rose
(*Rosa acicularis*)

Sfiducia negli altri, apatia o disinteresse in genere. Chiusura affettiva a causa di conflitti o insicurezze. Apporta rinnovamento e rafforza l'interesse per la vita, promuovendo inoltre l'apertura del cuore.

Spiraea
(*Spiraea beauverdiana*)

Sensazione di essere privi di sostegno. Riluttanza all'espansione, alla crescita. Ostinazione nelle proprie idee. Per apprezzare le cose positive ed evitare di fissarsi sulle situazioni negative.

Twinflower
(*Linnaea borealis*)

Comunicazione difficile, atteggiamento difensivo, incapacità di ascoltare e comprendere gli altri. Dona calma interiore e armonizza lo scambio nei rapporti interpersonali.

Wild Iris (*Iris setosa*)

Blocco nell'espressione creativa, mancanza di fiducia in se stessi riguardo alla propria intuizione e alle proprie capacità artistiche. Libera l'energia creativa e permette di condividere con gli altri la propria bellezza interiore.

referenze fotografiche

Corbis: © Imagemore Co., Ltd. 6; © Peter Adams 27; © Fancy/Veer 34; © Image Source 36, 78; © Mark Bolton 82; © Markus Botzek 86; © Envision 96.

Getty Images: © Renate Forster 13; © FhF Greenmedia 23; © Dave Zubraski 31; © Tim Robberts 120.

illustrazioni

I disegni sono di Archivio Giunti/ © M. Girardi e Archivio Giunti/ © M. Stoppele.

Ove non specificato, le immagini appartengono all'Archivio Giunti.

L'editore si dichiara disponibile a regolare eventuali spettanze per quelle immagini di cui non sia stato possibile reperire la fonte.